# Grenzbereich Todeszone

Reinhold Messner

# Grenzbereich Todeszone

Kiepenheuer & Witsch

Gesamtherstellung Mohndruck Reinhard Mohn GmbH · Gütersloh
Schutzumschlag Hannes Jähn · Köln,
unter Verwendung eines Fotos von Reinhard Karl · Heidelberg
ISBN 3-462-01293 2

Bergsteigen ist – eine Möglichkeit

Bergsteigen ist – Abenteuer

Bergsteigen ist – aktives Naturerlebnis

Bergsteigen ist – Sport mit kreativ-spielerischem Charakter

Bergsteigen ist – Bewußtwerden von Sein in der Tat

Bergsteigen ist – Erkennen im Widerstand gegen den
herausgeforderten Tod

Bergsteigen ist – ein Übergang vom »Himmel« zur Erde

Bergsteigen ist – eine Brücke zwischen »Diesseits«
und »Jenseits«

Bergsteigen ist – die Suche nach höheren Bewußtseinsstufen

Bergsteigen ist – eine Möglichkeit

# Grenzbereich Todeszone

Das Umschlagbild zeigt keinen Heiligen,
nicht Jesus Christus und auch nicht mich.
Bergsteiger sind keine besonderen Menschen.
Es zeigt einen Kletterer zwischen Himmel und Erde,
im Gegenlicht, am Horizont, im Grenzbereich.
Der harazentrierte Kreis um ihn soll symbolisch sein.
Nur weiß ich nicht, ob der Bergsteiger
aus dem Licht heraus- oder dieses hineinfällt.
Hier geht es mir um die Grenze
zwischen
Intellekt und Sinn
zwischen
Ratio und Intuition
zwischen
Kopf und Bauch
zwischen
Tod und Leben
zwischen
Sein und Nichtsein
um
Selbst – Eins – Nichts
Dieses Buch handelt nicht von einer Bergfahrt nach oben.
Es ist ein Versuch nach »Unten«, nach Innen.
Ich will dabei kein Guru sein und auch kein alpiner Messias,
noch weniger Vorbild und schon gar kein Idol.
Ersatzreligionen mag ich nicht.
Ich stehe fest mit beiden Beinen auf der Erde
und halte nur die Nase ab und zu in den Wind.

Das Umschlagbild zeigt einen Kletterer, der abseilt;
von unten nach oben fotografiert von Reinhard Karl.

# Todeszone - was ist das?

Zur »Todeszone«, wie der Schweizer Arzt und erfahrene Himalaya-Mann Edouard Wyss-Dunant einmal das Gebiet über 7500 Meter Höhe nannte, bemerkt der Arzt noch im Jahre 1953 warnend: »Man kann sich an die Höhe von 6000 Metern akklimatisieren, aber nicht mehr an 7000 Metern. Hier kann man sich nur begrenzte Zeit adaptieren, denn der Energieverlust wird in der Ruhezeit nicht mehr voll kompensiert. Vielleicht kann man die Akklimatisationsgrenze etwas hinaufschieben, aber nicht viel.«

»Erst bei 7000 m Höhe beginnen die ernstlichen Schäden, die ›deterioration‹, wie die Engländer es nennen. Die Halsschmerzen wandeln sich von einfachen Entzündungen zu schmerzhaften Geschwürbildungen. Frostschäden sind um so mehr zu fürchten, als der Organismus arm an Sauerstoff ist. Das Herz, das sich schwer anpaßt, trägt Dilatationen (Erweiterungen) davon. Die Schlaflosigkeit wird unüberwindlich; durch Mangel an lebenden Vitaminen läßt der Appetit nach. Schließlich lauert der Weiße Tod auf den, der zu lange oberhalb der ihm physiologisch gezogenen Höhengrenze zu bleiben versucht.«

Edouard Wyss-Dunant

»Kein Mensch kann auf die Dauer in Höhen über 5300 Meter leben. Versuche, in noch größerer Höhe zu siedeln, scheiterten. So blieb Aucanquilcha in den Anden der höchste Ort der Erde. Die Sauerstoffdichte in der Atmosphäre ist dort etwa um die Hälfte niedriger als in Meereshöhe.
Am 8848 Meter hohen Gipfel des Mount Everest beträgt die Sauerstoffdichte nur noch knapp ein Drittel. Besserwisser wie Experten behaupteten, kein Mensch werde die Besteigung ohne Sauerstoffgerät überleben. Es gab aber keinen physiolo-

gischen Grund, weshalb ein kurzer Aufenthalt in solcher Höhe unmöglich sein sollte.
Zwar nehmen – als Folge des Sauerstoffmangels – die körperliche und geistige Leistungsfähigkeit stark ab: Die Erfrierungsgefahr ist größer; Thrombosen können entstehen, weil das Blut dickflüssig wird, Blutungen, Lungen- und Hirnödeme drohen.«

Oswald Ölz, begleitender Arzt bei der Everest-Expedition 1978

# Reinhold Messner - ein Mensch und der Mount Everest

Der Südtiroler Reinhold Messner, geb. 1944, Hoch- und Tiefbau-Ingenieur, Mathematiklehrer, unterbrach sein Hochschulstudium in Padua, um ganz seinen alpinistischen Träumen leben zu können: »Freiheit und Sicherheit sind nicht miteinander vereinbar.« Er durchstieg die schwierigsten Wände der Alpen, viele sogar im Alleingang, stand auf allen höchsten Bergen der sechs Kontinente, bezwang bisher als einziger Mensch fünfmal einen Achttausender und scheiterte bei einem halben Dutzend Expeditionen. Ihm gelangen ein gutes Hundert Erstbegehungen rund um die Welt.

Seinen Lebensunterhalt verdient er sich als Schriftsteller und Vortragsredner, als Berater von Bergsportartikelherstellern und Leiter der Alpinschule Südtirol (Villnöss). Damit finanziert er auch seine Expeditionen.

Sein Bergsteigen ist geprägt von einer antitechnischen Einstellung (»wenn ich eine Maschine zwischen mich und den Berg schalte, kann ich keine wesentlichen Erfahrungen machen«) und der ökologischen Forderung: nichts bleibt am Berg!

Diese neuen Ideen, erstmals formuliert in einem Artikel für die Fach-Zeitschrift *Alpinismus* (»Mord am Unmöglichen«, 1965) fanden weltweit Anhänger und leiteten eine neue Epoche des Bergsteigens ein.

Die Besteigung des Mount Everest ohne Sauerstoffgeräte zusammen mit Peter Habeler war der Schlußpunkt zu Reinhold Messners Philosophie: Ist der höchste Berg der Welt ohne einschneidende technische Geräte (»Erlebnisdämpfer«) möglich, sind alle Berge der Welt ohne diese Tricks besteigbar?

»Reinhold Messner hat die Entwicklung der Technik gestoppt, auf daß der Mensch sich weiter entwickeln kann« (*Der Spiegel*).

Bergsteigen also als Sport mit kreativ-spielerischem Charakter und nicht mehr als erfolgsbetonte Eroberung und Erforschung der letzten »wilderness-Landschaft«, der großen Gebirge. Die Engländer, die mehr Sinn für dieses Bergsteigen »by fair means« haben, lobten Reinhold Messners Everest-Besteigung als die erste »humane«; andere Alpinisten zweifeln sie heute noch an. »Was es zu erforschen gibt, ist nicht der Berg, sondern der Mensch. Ich bin nicht zum Mount Everest gefahren, um ihn zu bezwingen (sonst hätte ich ja von vornherein alle möglichen Techniken eingesetzt, um mir des Erfolges sicher zu sein). Ich wollte auf dieser höchsten natürlichen Höhe mich selbst erfahren und, wenn möglich, den Mount Everest in all seiner Größe und Härte erfassen (dies wäre mit Hilfe einer Sauerstoffmaske nicht möglich gewesen). Ich wollte eigentlich gar nichts anderes, als eine Utopie leben: die von Ärzten, Physiologen und Bergsteigern bestrittene Möglichkeit, daß der Mensch den 8848 Meter hohen Mount Everest ohne Maske besteigen könne.«
Mit dem Gelingen des Everest-Experiments hat Reinhold Messner offensichtlich ein Tabu verletzt. Wie sonst wäre es möglich, daß so viele über ihn herfallen und ihn zu »steinigen« versuchen, »obwohl ich etwas tat, das nur mich etwas angeht«? – »Im Mittelalter hätte man ihn wohl als Hexer verbrannt.« (*Espresso*)

# Inhalt

# Bergsteigen - eine Sucht?

Als ich noch fast ein Kind war, sagten die Bauern in meinem Dorf: »Der kann es nicht mehr lassen, Bergsteigen ist halt eine Sucht.«
Sie sagen es heute noch, wenn ich zum Mount Everest oder zum Matterhorn aufbreche.
Inzwischen habe ich als Bergsteiger alles gemacht. Mehr als ich je gemacht haben wollte. Ich habe am Nanga Parbat meinen Bruder verloren und stand um Mitternacht auf dem Gipfel des Mount McKinley. Wie oft habe ich mir vorgenommen, aufzugeben, die Bergsteigerei an den Nagel zu hängen? Ich mache weiter. Bergsteigen – eine Sucht?
Da es mir nicht mehr um Gipfel, um Erfolge geht, wo liegen dann die Motivationen? Braucht mein im Grenzbereich des Todes provoziertes Ich immer neuen »Stoff«, bin ich abhängig, süchtig? Ich bin dieser Frage nachgegangen. Dabei entstand dieses Buch.
Allein kam ich der Antwort nicht auf die Spur, und meine Vermutungen waren nicht alle Tage dieselben. Ich habe die Erfahrungen anderer studiert und die Antworten auf die immer häufigere Frage nach meinen seelischen Empfindungen in der »Todeszone« der Achttausender aufgeschrieben.
Dazu beschäftigten mich seit Jahren jene Erlebnisse von Abstürzen, die Bergsteiger scheinbar rein »zufällig« überlebt haben, sowie alle visionären Erkenntnisse aus der hintergründigen Alpinliteratur.
Noch wenige Tage vor meiner Abreise zum Mount Everest im März 1978 schrieb mir eine Medizinstudentin: »Sie kommen gerade aus Afrika und haben eine sehr schwierige Wand am Kilimandscharo durchstiegen; und ich kann mich nicht entscheiden, ob ich Sie beglückwünschen, bewundern, beneiden, als verrückt bezeichnen soll . . . und in drei Wochen sind Sie schon in Nepal – mein Gott, wie ich Sie beneide! Das heißt: bis Tengpoche würde ich gerne mit Ihnen tauschen, aber dann fängt für meine Begriffe schon langsam der Himmel an, und den überlasse ich lieber den Göttern und den Spatzen (frei

nach Heine!!) – und für einen ganz kurzen Augenblick den Wahnsinnigen!! . . .
Wenn ich vorher von Neid sprach, dann bezieht sich das nicht nur auf Nepal mit seiner großartigen Landschaft und Bevölkerung, sondern auch auf die extreme Erfahrung – für Sie vielleicht nur eine mehr unter vielen, die Sie machen werden.«
Fast genau zwei Monate später machte ich eine extreme Erfahrung. Nach zwei Tagen und einer Nacht im sturmgepeitschten Zelt am 8000 Meter hohen Südcol schwanden die Ängste, nachts obdachlos zu werden. Ein Zelt hatte es mir in der ersten Sturmnacht schon zerfetzt. Auf die besorgte Nachfrage unseres Expeditionsleiters Wolfgang Nairz aus dem Basislager beruhigte ich ihn über Funk: »Jetzt fehlt nichts mehr. Es ist einer draußen, der das Zelt fixiert.« Und wenig später: »Der draußen bin ich selbst.« Dabei lag ich im Schlafsack und funkte, die beiden Scherpas lagen ängstlich neben mir. Mit fast 200 Stundenkilometer Geschwindigkeit jagte der Orkan über unseren Lagerplatz. Mehr als 40 Grad unter Null. Wir waren ohne Sauerstoffgeräte und seit bald vierzig Stunden ohne Schlaf. Wäre das Zelt gerissen, es hätte für uns den Tod bedeutet.
Gerade diese eigenen extremen Erfahrungen sind es, die mir die persönlichen Voraussetzungen zu diesem Buch geben. Vielleicht sind auch sie es, die zu immer neuen Abenteuern reizen. Ich bin zwar noch nie abgestürzt, aber öfters schon dem Tod nahe gewesen; wenigstens einmal bin ich schon selbst »gestorben«. Ich lebe zwar noch, seit damals aber mit einer anderen Einstellung zur Welt, zum Tod, zu mir selbst. Ich habe keine umfassenden Kenntnisse über Medizin, Religion oder Psychologie. Auch beabsichtige ich hier nicht, irgend etwas zu beweisen. Naiv habe ich Erlebnisse und »Erkenntnisse« aus dem Grenzbereich der Todeszone zusammengetragen, die bisher großteils verborgen geblieben sind oder als »leicht verrückt« abgetan wurden. Ich habe mich aber weder von Freunden noch von Ärzten von meinem Vorhaben

"CARREL LOWERED ME DOWN."

abbringen lassen, habe weitergesammelt, bin weitergeklettert. Warnungen, wie diese einer Anästhesistin, bekam ich vor meinem maskenfreien Versuch am Mount Everest viele.

»So, wie ich Deine psychische Situation einschätze, wirst Du Dir vielleicht klar darüber werden wollen, ob Du überhaupt zurückkommen möchtest. Wenn ich dazu mein fachliches Urteil anbringen darf (Du wirst es sowieso nicht akzeptieren): die Gedanken, die eines Menschen Gehirn in großer Höhe durchgeistern, sind verlockend, euphorisch, sind Hirngespinste. Aus Gründen des Sauerstoffmangels ähneln sie den Gedanken, die Sterbende haben, kurz bevor sie vollends bewußtlos werden. Sie sind verworren, nicht zu Ende gedacht und deshalb gefährlich.
Aber das alles dürfte Dir selbst besser bekannt sein als mir, und ich komme mir mit der Idee, Dich von unter extremen Sauerstoffbedingungen gefaßten folgenschweren Beschlüssen abhalten zu wollen, klein und komisch vor.«

Ich ging natürlich trotzdem.
War ich intuitiv auf Zusammenhänge zwischen Grenzsituationen und der Motivation beim Bergsteigen gekommen, so versuche ich seit zwei Jahren Sturz- und Todeszone-Erfahrungen unverfälscht ins Tal zu retten. Ich habe an Ort und Stelle – und dies bis zum Gipfel des Mount Everest – Empfindungen auf Minitonbänder gesprochen und alle diesbezüglichen eigenen und fremden Berichte über Grenzerfahrungen hier weder an Sinn noch Inhalt geändert.
Mir geht es bei alldem nicht um eine wissenschaftliche Arbeit, nur um die Beleuchtung eines faszinierenden Bereichs der menschlichen Erkenntnismöglichkeit, einer zusätzlichen Dimension des Seins, um das »entwaffnend Einfache« des Warum.
Es ist nicht zufällig, daß ich gerade durch die Alpinistik auf diesen Teil des menschlichen Seelenlebens stieß, der außerhalb

der normalen bewußten Erfahrungswelt liegt, bin aber sicher, daß dieser in allen Bereichen des Lebens sich auftun kann.
Seit bald dreißig Jahren gehe ich in die Berge, seit zehn Jahren wiederholt in extreme Höhen, immer ohne Sauerstoffmaske. Die Tiefe in der senkrechten Felswand, die sauerstoffarme Luft in der Todeszone offenbaren nicht nur optisch und von der Anstrengung her eine neue Dimension, sondern auch psychisch. Man braucht »Moral«, wie der Bergsteiger sagt, um dorthin vorzustoßen. Und der Pfad »Zwischen Grab und Gipfel« ist dort sehr schmal. Beim Sturz oder beim Unwetter kann die Ahnung von der eigenen Sterblichkeit zur Erkenntnis werden und sich dem Betroffenen damit eine völlig neue Lebensvision offenbaren. Nach meiner Erfahrung ist es nicht so, daß das Bewußtsein im Grenzbereich stumpfer ist, meist wird es durchlässiger, empfänglicher für Selbstwahrnehmung. Wie frappierend ähnlich sind doch die Berichte über Stürze! Und dies, obwohl die Erzähler aus den verschiedenen sozialen und bildungsmäßigen Schichten kommen. Ich habe nicht alles, was im Laufe der Jahre zu diesem Thema an mich herangetragen wurde, hier aufgenommen.
Weggelassen habe ich private Mitteilungen und Berichte über Dritte, habe mich allein aufs Bergsteigen beschränkt und die authentischen Erfahrungen von Bergsteigern bei der Auswahl der hier wiedergegebenen Erlebnisse. Obwohl nun keine Geschichte mit der anderen identisch ist, die Umstände und die betroffenen Personen vom Typ her völlig verschieden waren, läßt sich *eine* Linie erkennen.
Da ist im Augenblick des Todesbewußtseins beim Sturz die Angstfreiheit, das Leben, das vor einem geistigen Auge abläuft, der Verlust des Zeitgefühls, nicht selten ein affektives Erinnern an Familienangehörige und Freunde, das Empfinden, außerhalb seines eigenen Körpers zu sein.
Die Erfahrung, sein eigener Beobachter zu sein, ist auch typisch für Grenzerfahrungen in großer Höhe. Dazu kommen in der Todeszone seltsame Geräusche, Halluzinationen, oft

ein starkes Allgefühl, eine Kommunikationsfähigkeit, ohne sprechen zu müssen.
All diese »seltsamen Erfahrungen« sind aber nicht nur beim Sturz und in der Todeszone möglich, sie finden sich oft auch in anderen Grenzsituationen wie beim Wettersturz, nach dem Überwinden einer schwierigen Kletterstelle, beim Biwak.
Als Peter Habeler und ich im Sommer 1975 über die Gipfelwand zum 8068 Meter hohen Hidden Peak im Karakorum emporkletterten, hörten wir auf, miteinander zu sprechen. Einfach weil es zu anstrengend gewesen wäre. Trotzdem verstand ich alles, was Peter mir sagen wollte. Und immer, wenn ich ihn fragen wollte, wie es weitergehe, kam sein Antwortdenken zurück, oft ohne daß wir uns anschauten. Wir unterhielten uns miteinander, ohne zu reden.
Oben am Gipfel erlebte ich eine tiefe innere Ruhe, eine Art »Nirwana«. Als ich zurück ins Tal kam, hatte sich meine Einstellung zum Leben stark verändert. Noch stärker empfand ich dies 1970, nachdem ich völlig erschöpft im Diamir-Tal, am Fuße des Nanga Parbat liegengeblieben war. Damals hatte ich den Tod erstmals akzeptiert, und das hatte wesentliche Folgen für mein weiteres Dasein.
Ich weiß heute, daß der Mensch kein unzerstörbares Etwas ist, sondern eher ein Prozeß, ein wandelbarer Zustand. Ich habe vor dem Leben ebensowenig Angst wie vor dem Tod und möchte möglichst uneingeschränkt *sein*, nichts wissen, was ich nicht erlebt habe.
Daher auch die Idee zum »Everest by fair means«. Ein Sauerstoffgerät, das ich zwischen mich und die Natur schalte, ist wie ein »Erfahrungsdämpfer«.
Ich wollte diese Gipfel nicht nur in meiner Tourenliste stehen haben, sondern dort oben mich selbst erleben, noch besser kennenlernen. Bergsteigen ist für mich nicht – wenigstens nicht primär – Flucht aus den unerträglichen Bedingungen der westlichen Industriegesellschaft, Bergsteigen heißt Leben für mich, Leben im Sinne von Selbstäußerung, von Sein.

THE CRACS OF THE MATTERHORN, DURING THE STORM, MIDNIGHT, AUG. 10, 1868.

Meine Betrachtungen gehen hier über das Bergsteigen als ein Stück Leben nicht hinaus. Der mystische Bereich – Gipfel ist oben, ist Gott – interessiert mich nicht. Was denn dann so wichtig sei am Grenzbereich Todeszone? Die Lebenserkenntnis vom Ende, vom eigenen Tod aus gewonnen und manchmal das Gefühl, sich selbst und die Welt zu umarmen.

# Grenzbereich - erweiterte Dimension der Existenz

Nach dem Aufstieg über die Rupalflanke am Nanga Parbat, mit viereinhalbtausend Meter Höhenunterschied die höchste Fels- und Eiswand der Erde, einem Biwak in der Todeszone ohne jeden Schutz, dem unausweichlichen Zwang, mit meinem höhenkranken Bruder über die uns unbekannte Diamir-Flanke abzusteigen, wußte ich, daß dies unser Ende war. Zunächst aber weigerte ich mich, mir einzugestehen, daß wir sterben müßten, und wir kletterten Meter für Meter abwärts, beständig nach einem »letzten« Ausweg suchend. Weiter unten – zwischen den Seraks am oberen Ende der Mummery-Rippe – gelang es mir in einer Phase der Auflehnung und des Zorns – »warum muß es uns gerade jetzt und hier erwischen –«, einen Durchschlupf zu finden zwischen kirchturmhohen Eisabbrüchen. Dann, als mein Bruder wieder sein Tempo verlangsamte und das Gelände noch unübersichtlicher und schwieriger wurde, suchte ich verzweifelt, immer wieder auf- und absteigend, nach einem Weiterweg, nur um das endgültige Scheitern um einige Stunden hinauszuzögern.
»Wenn wir da noch durchkommen, bin ich bereit zu sterben.«
Nachdem mein Bruder am Wandfuß von einer Lawine verschüttet worden war, fiel ich in eine tiefe Depression. Ich trennte mich psychisch von ihm und nach und nach auch von meinen Expeditionskameraden. Zuletzt von meiner Mutter. Schließlich, wie in Trance durch das obere Diamir-Tal absteigend – barfuß, seit fünf Tagen ohne zu essen, wenigstens einmal in tiefer Bewußtlosigkeit liegenbleibend –, fühlte ich mich wie erleichtert, ohne Angst. Es wurde mir alles gleichgültig. Ich mußte sterben und fügte mich in mein Schicksal.
Erst Stunden später, als ich unter einem Baum auf der Hochalm Nagaton lag, umstanden von Bauern und Hirten, fiel ich erneut in eine Depression, die durchlebten Gemütszustände aber kehrten nicht mehr wieder. Ich verstand zuerst nicht, wie ich noch leben konnte. Dieses Erlebnis am Nanga Parbat machte mir deutlich, daß die Furcht vor dem Tode mehr und mehr weicht, je näher er kommt. Allerdings gehört das abso-

lute Einverständnis mit dem unabänderlichen Ende dazu. Da war keine Angst mehr vor dem fraglichen Übergang ins Ungewisse, kein Zweifel, nur die Realität des Todes, der jetzt zu mir gehörte.
Seit jenem Erlebnis hat der Tod eine neue Bedeutung für mich. Hatte ich ihn früher nicht anerkannt, so war er nun stets in mir gegenwärtig, ohne daß er mich belastete.
Alle möglichen Trostversprechen, die ich aus dem christlichen Religionsunterricht herübergerettet hatte, konnten die Furcht vor dem Sterben nicht lösen, nur jene Fügung ins eigene Ende. Dabei plagte mich keinen Augenblick lang die Frage, ob nun dieser Tod die endgültige Auflösung oder den Beginn einer neuen Lebensdimension bedeute. Ich empfand den Tod zu meinem Leben gehörend und begriff ihn mit mir als das Eins und Nichts.
Dieser Tod aber hatte nichts zu tun mit der Wunschvorstellung, die aus so manchem Bergsteigerlied herauszuhören ist – »Und kehr' ich einstens nicht wieder, von wilder verwegener Fahrt« – er holte mich ein. Ich habe dabei Sterben erfahren und habe – heute besehen – ein bißchen leben gelernt.
Nein, es war da wirklich keine Sehnsucht, in den Bergen zu bleiben, »die Haare zerzaust vom Wind.«
Nicht zuletzt solche Lieder und die uralte Klischeevorstellung, der Bergsteiger müsse ein todesmutiger Held sein, haben viele wertvolle Erkenntnisse aus dem Grenzbereich des Stürzenden und Erschöpften verwaschen.
In vielen Gesprächen und nach jahrelanger Beobachtung von Bergsteigern in Grenzsituationen konnte ich immer wieder dasselbe herausfinden: Wenn der Mensch über die Grenze seiner Kräfte und Fähigkeiten belastet wird oder unausweichlich in den Tod stürzt, reagiert er stärker noch als in der Notsituation, er wird sich in dieser »Todeszone« als Mensch gerechter, erkennt und akzeptiert sich intuitiv als das, was er ist.
Es ist nun nicht so, daß ich für das Aufsuchen der Todesgefahr plädiere, wie sie viele Bergsteiger um die Jahrhundertwende

predigten; auch weiß ich, daß die Todeszone nur einer der vielen Katalysatoren zur Selbstfindung sein kann. Aber ich weiß, daß keine Schilderung die eigenen Erfahrungen ersetzen kann. Derartige Erkenntnisse sind mit Worten allein nicht übertragbar von einem Menschen auf andere.

Ich möchte mit diesem Buch nur darauf hinweisen, daß es über das übliche Bergerlebnis hinaus eines gibt, das viel tiefer geht und den Menschen für kurze Zeit in eine erweiterte Dimension der Existenz stürzen kann.

Die meisten von uns identifizieren sich mit ihrem Kopf und dem physischen Körper und haben nicht gelernt, sich wie ein Zuschauer von außen zu sehen. Viele glauben zwar an eine Seele, wissen aber nicht, daß diese konkret existiert, da sie sie noch nie selbst erfahren haben.

Das nun folgende Erlebnis habe ich bereits 1970 aufgeschrieben, wenige Wochen nachdem ich mit erfrorenen Füßen in die Innsbrucker Universitätsklinik eingeliefert worden war.

Am Morgen des 28. Juni 1970, nach einem Biwak in der Merkelscharte am Nanga Parbat (ca. 8000 Meter Meereshöhe, starker Wind, ohne Schlafsack und Zelt, verausgabt und unterkühlt), verlor ich eine Zeitlang den Gleichgewichts-, Orientierungs- und Zeitsinn. Ich fiel hin und rollte etwa 10 Meter weit über den Schnee. Plötzlich hatte ich das Gefühl, als runde, durchsichtige Wolke hinter mir herzuschweben. Mich selbst von außen zu beobachten. Ich konnte dieses Bündel vor mir, von dem ich wußte, daß es verzweifelt war, nicht angreifen. Ich war völlig schwerelos, aber trotzdem irgendwie körperhaft.

Am Tag vorher hatten mein Bruder Günther und ich den Nanga-Parbat-Gipfel erreicht.

Je öfter ich derartige Erlebnisse hatte, um so weniger wurde ich von der Umwelt verstanden. Und zwar auch dann, wenn ich nicht von diesen Grenzerfahrungen sprach. Oft habe ich heute das Gefühl, daß mich viele Mitbürger als »einen Besessenen, einen Wahnwitzigen, einen alpinen Sensationsdarsteller,

FOG-BOW SEEN FROM THE MATTERHORN ON JULY 14, 1865.

einen von inneren Dämonen Gehetzten« (Bittorf im *Stern*) sehen und dies nicht nur, weil ich meine anarchistischen Züge voll auslebe. Dabei müssen doch die Wesenszüge im tiefen Kern der Menschen weitgehend gleich sein. Nur hat nicht jeder das Glück, einen Anstoß zur Bewußtmachung seines »Selbst« zu bekommen.

# Absturz - »subjectiv ein schöner Tod«

Was erlebt ein Kletterer während des Todessturzes? In den nächsten Kapiteln lasse ich »Todgeweihte«, die wie durch ein Wunder überlebten, erzählen, was sie im Grenzbereich des Todes empfanden.
Meist wird angenommen, daß es schreckliche Momente sind, wenn der Stürzende begreift, daß er unaufhaltsam fällt. In Wirklichkeit kann Sterben, wenn es einmal als unabwendbare Notwendigkeit erkannt ist, schön sein. Auch der Absturz über eine wolkenkratzerhohe Felswand.
Ich selbst bin als Seilschaftsführer in einer ernsten Tour noch nie gestürzt. Meine diesbezüglichen Erfahrungen gehen also über Ausrutscher im Klettergarten und das Zurücksacken in den letzten Griff nicht hinaus.
Zugegeben, einerseits bin ich stolz auf die 1500 Bergtouren, die ich sturzfrei hinter mich gebracht habe, andererseits hätte ich nichts gegen Sturzerfahrungen, wenn ich trotzdem noch lebte. Fasziniert habe ich immer den Erzählungen über Stürze gelauscht und dabei erfahren, wie jemand, während des Absturzes an der Großen Cirspitze, daran dachte, ob nun sein Taschenmesser – wie er selbst schwerelos geworden – noch in der Hosentasche sei. Ein anderer, beim Sturz an der Fünffingerspitze, sah sein ganzes Leben vor seinem geistigen Auge ablaufen, wie im Film.
1971, beim Abseilen durch die Nordwand der Carstensz-Pyramide in Neuguinea, traf mich ein Stein am Oberarm. Noch bevor ich das Bewußtsein verlor, wußte ich alles, was geschehen würde, wenn ich das Gleichgewicht verlöre. Ich ließ mich noch rechtzeitig in eine Rinne fallen und blieb dort liegen.
Drei Jahre später, nach der Renovierung eines alten Pfarrhauses stand ich auf der obersten Stufe des Außengerüsts, als dieses umfiel. Die armdicken Eisenröhren hätten mich sicher erschlagen, wenn ich nicht nach innen auf das Fenstersims gesprungen wäre und mich nicht verzögert zwischen Hauswand und Gerüst hätte fallen lassen. Angst empfand ich nicht, wohl aber ein Zittern in den Knien, als ich unten aufstand.

"WE SAW A TOE - IT SEEMED TO BELONG TO MOORE - WE SAW REYNAUD A FLYING BODY."

Ein Freund von mir erzählte von einem Gefühl der Erleichterung, als er nach krampfhaften Versuchen, sich doch noch festzuhalten, losließ und aus der Großen-Zinne-Nordwand stürzte. Auch als er dreißig Meter tiefer am Seil hängenblieb, war ein Gelöstsein in ihm.
Ein anderer sagte mir, daß ihm äußerst lebhafte Erinnerungen aus der Kindheit durch den Kopf gegangen sind, während er »flog«. Diese waren so nahe und plastisch, daß er für kurze Zeit dachte, das sei er.
Pionier in der Forschung über die Empfindungen beim Absturz ist der Züricher Geologe und Bergsteiger Professor Albert Heim. Seine Untersuchung *Notizen über den Tod durch Absturz*, 1892 veröffentlicht im *Jahrbuch des Schweizer Alpenclubs*, ist die erste dieser Art, und ich will sie hier vollständig wiedergeben, ohne sie mit meinen Bemerkungen zu durchlöchern.

»Indem ich den Lesern des Jahrbuches eine kleine Untersuchung über den Tod durch Absturz im Gebirge vorlege, beabsichtige ich nicht, eine Reihe von Schreckensgeschichten vorzuführen und deren Jammer zu schildern, auch nicht eine Aufzählung von Unglücksfällen dieser Art zu geben. Fassen wir uns vielmehr, um auch ein entsetzliches Ereigniß in seinen Erscheinungen wissenschaftlich zu studieren. Manchmal verliert es dadurch einen Theil seiner Gräßlichkeit, manchmal ist es zwar entsetzlich für die Ueberlebenden, aber ganz anders für die Verunglückten selbst. Ich will auch nicht sprechen von den verschiedenen Arten des Todes durch Unglücksfälle im Gebirge, sondern ich möchte nur einen einzelnen Punkt von hohem Interesse herausgreifen, das ist die Frage: *Welcher Art sind die Empfindungen des plötzlich Verunglückten in seinen letzten Lebenssekunden gewesen?*
Man macht sich hierüber oft schreckliche Vorstellungen, man denkt sich die äußerste Verzweiflung, die größte Pein, furchtbarsten Schmerz, und sucht in den Mienen der entstellten

ALBERT HEIM.

Todten dann Angstverzerrungen herauszulesen. *Es ist aber nicht so!*
Ob es sich um Sturz über eine Felswand, um Sturz über Eis und Schnee, um Absturz mit einer Lawine oder in einem Wasserfall handle, kommt dabei nicht wesentlich in Betracht. Es ist ferner die subjective Empfindung eines Todstürzenden die gleiche, ob er vom Gerüst eines Hauses oder von einer Felswand fällt; und auch ein von einem Wagen Ueberfahrener oder von einer Maschine Erfaßter, selbst der Ertrinkende und der im Kampf auf dem Schlachtfelde Fallende empfindet, wie sich nachweisen läßt, in ganz ähnlicher Weise und blickt dem Tode mit ähnlichen Gefühlen in's Angesicht.
Aber der Todte kann uns ja nicht mehr erzählen, was er empfunden hat, wie wollen wir darüber Aufschluß erhalten? Diejenigen, die solche Unglücksfälle erlebt haben, *aber noch mit knapper Noth dem Tode entronnen sind*, haben schon das *Gleiche* empfunden, wie die Todtgebliebenen. Ganz besonders läßt sich dies in allen *denjenigen Fällen annehmen, wo Bewußtlosigkeit eingetreten ist.* Für die Empfindung sind Be-

wußtlosigkeit und Tod ganz gleich. Derjenige, der sich von der Bewußtlosigkeit nicht mehr erholt und stirbt, kann uns nicht mehr erzählen; derjenige, der wieder erwacht, erwacht wie vom Tode und kann uns genau erzählen, wie das Sterben durch plötzlichen Unglücksfall empfunden wird – er stirbt dann wenigstens zwei Mal in seinem Leben.

Das Material, auf welches ich meine Darstellung stütze, entnehme ich folgenden Quellen:

In der alpinistischen und andern *Literatur* treffen wir hie und da, wenn auch selten, auf bezügliche Erzählungen. In den Hamburger Lazarethen des Kriegsjahres 1870, sowie bei verschiedenen späteren Gelegenheiten habe ich *Kriegsverwundete* befragt. Mehrere Aerzte, die viel mit *Verunglückten* zu verkehren hatten, konnten mir von deren Aussagen berichten. Mehrere von Gerüsten und Dächern gestürzte *Maurer* und *Dachdecker*, halb verunglückte *Arbeiter* in *Bergwerken*, an *Bahnlinien* etc. habe ich ausgeforscht. Eine große Anzahl *Aelpler*, die abgestürzt sind, ohne das Leben zu verlieren, konnten mir genaue Auskunft geben. Solche, die beim *Bergsturz von Elm* durch den Luftschlag weggeschleudert und bewußtlos geworden sind, erzählten mir ihre Erlebnisse. Ferner erhielt ich eingehende Berichte von einigen abgestürzten und geretteten *Clubgenossen*, von drei *Fachgenossen etc.* Ein Fischer, der beim *Ufereinsturz* von *Zug* tief unter Wasser gerissen worden war, erzählte mir seine Erfahrungen. Vom Eisenbahnunglück von *Mönchenstein* stehen uns einige gute Darstellungen von knapp mit dem Lebe davon Gekommenen zu Gebote, z.B. von einem Locomotivführer, von einigen Passagieren etc. etc. Was mich aber veranlaßt hat, seit mehr als 25 Jahren keine Gelegenheit zu versäumen, solche Notizen zu sammeln, sind meine eigenen Erlebnisse gewesen.

Bei der großen Mehrzahl der Verunglückten – wohl bei 95% – ergeben sich, unabhängig vom Grade ihrer Bildung, *durchaus die gleichen Erscheinungen, nur graduell etwas verschieden empfunden.* Angesichts des Todes durch *plötzlichen Un-*

*glücksfall* tritt bei fast allen *der gleiche geistige Zustand* ein – und zwar ein ganz anderer Zustand, als angesichts einer weniger plötzlich einbrechenden Todesursache. Er läßt sich kurz wie folgt charakterisiren –
Es wird *kein Schmerz* empfunden, *ebenso wenig lähmender Schreck*, wie er bei kleinerer Gefahr (Brandausbruch etc.) erscheinen kann. *Keine Angst, keine Spur von Verzweiflung, keine Pein*, vielmehr ruhiger Ernst, tiefe Resignation, beherrschende geistige Sicherheit und Raschheit. Die *Gedankentätigkeit* ist enorm, wohl auf die hundertfache Geschwindigkeit oder Intensität *gesteigert*, die Verhältnisse wie die Eventualitäten des Ausganges werden weit hinaus *objectiv* klar überblickt *keinerlei Verwirrung* tritt ein. Die Zeit erscheint sehr verlängert. Man handelt blitzschnell und überlegt richtig. In zahlreichen Fällen folgt ein *plötzlicher Rückblick in die ganz eigene Vergangenheit*. Zuletzt hört der Stürzende oft schöne Musik und fällt dann in einen herrlichen blauen *Himmel* mit rosenfarbenen Wölklein hinein. Dann *erlischt das Bewußtsein schmerzlos* – gewöhnlich im Momente des Aufschlagens, das aber höchstens noch gehört, niemals schmerzend gefühlt wird. Von den Sinnen erlischt wahrscheinlich das Gehör zuletzt.
Ohne mich in viele Einzelerzählungen einzulassen, sollen doch die wesentlichsten Punkte noch etwas näher hervorgehoben werden.
*Kein Schmerz!* Die von Kugeln getroffenen Krieger erzählten mir alle, daß sie das Einfahren der Kugel nicht spürten. Sie wurden dessen erst gewahr, wann ein Glied sich nicht mehr bewegen wollte, oder sie das Blut fließen sahen. Gestürzte merken nichts, wenn ihre Glieder brechen, bis sie aufstehen wollen und dann mit den Augen sehen, daß ein Glied kraftlos und baumelnd hängt. Ein vom Gerüst gestürzter 16jähriger Italiener, der Schädelbruch und Schlüsselbeinbruch davongetragen, erzählte mir, es habe nur getönt, aber gar nicht wehgethan, er könne selbst in's Spital laufen. Als ich selbst als

16jähriger Junge von einem Wagen mit scheu gewordenem Pferd überfahren wurde, konnte ich am Knallen hören und zählen, daß ich einen ganz großen, vier mittlere und zwei kleinere Knochen gebrochen hatte, und sagte dies sofort dem untersuchenden Arzt; aber ob ich Beine oder Arme gebrochen hatte, das fühlte ich nicht, bis ich, als man mich aufhob, *sah*, daß das linke Bein mit dem Fuß nach hinten gedreht hing und das Knie nach oben gedrückt war. Schmerz war erst nach etwa einer Stunde fühlbar. Wem ein Bein oder ein Arm durch einen Steinschlag im Gebirge zerschmettert wird, der *sieht*, welches Glied verletzt ist, bevor er etwas spürt. Als ich 1872 am Säntis abstürzte, hörte ich blos die Schläge, welche Kopf und Rücken verwundeten, ich empfand keinen Schmerz. Es wäre leicht, noch hunderte von Beispielen anzuführen, welche alle beweisen, daß bei *plötzlichem* schwerem Unglücksfall zunächst der *Schmerz ausbleibt* – ohne Zweifel in Folge der enormen geistigen Erregung, die ähnlich wie eine Hypnose wirkt und dem Schmerzgefühl im Gehirn vor lauter sich aufdrängenden andern Gedanken gar keinen Raum mehr läßt. *Ganz gewiß haben die Totgestürzten keinen körperlichen Schmerz mehr gefühlt.*

*Angstlähmung tritt nicht ein, die Gedankenthätigkeit erscheint enorm gesteigert, die Zeit in gleichem Verhältniß verlängert. Das Urtheil bleibt klar objectiv, und soweit es die äußeren Umstände gestatten, bleibt der Stürzende blitzschnell handlungsfähig.* Darüber einige erläuternde und zugleich beweisende Beispiele aus zahlreichen herausgegriffen:

Ingenieur Gosset fuhr vom Haut de Cry mit einer Lawine zu Thal. Er berichtet sehr genau über alle einzelnen Erscheinungen dieser entsetzlichen Thalfahrt. Man lese seine Worte z.B. abgedruckt in J. Coaz, ›Die Lawinen der Schweizeralpen‹, 1881, S. 77 etc., und man wird darin die angedeuteten Züge finden. Hier möchte ich besonders noch das Benehmen des Führers Bennen hervorheben, der erst die Stelle nicht betreten wollte und zuerst die Gefahr erkannte. Der Riß zur Lostrennung der Lawine war entstanden, ›ein ängstliches Schweigen folgte; es dauerte nur wenige Sekunden und wurde dann durch Bennen's Stimme unterbrochen: Wir sind Alle verloren! Seine Worte waren *langsam und feierlich* ... Es waren seine letzten Worte ... Ich wandte mich nach Bennen, um zu sehen, ob er auch den Alpenstock in den Schnee stoße; zu meinem Erstaunen drehte er sich um, sah in's Thal hinab und breitete beide Arme aus.‹ Bennen machte keine unwillkürlichen oder verzweifelten Anstrengungen, er sah deren Nutzlosigkeit zu klar ein, er ging dem Tod *feierlich* entgegen.

In Fällen, wo eine rettende That möglich ist, geschieht sie. Aus wohl 30 Beispielen, die ich mir notiert habe, will ich nun an zwei erinnern: Als mit einer G'wechte drei von einer Truppe vom Grate des Piz Palu abbrachen, warf sich Hans Graß als Gegengewicht in den Abgrund auf der anderen Seite des Grates. Alle blieben so am Seil über den Grat beiderseits hängen und waren gerettet. Als Brantschen am Matterhorn 1877 den vor ihm an den im Fels befestigten Seilen kletternden Engländer stürzen sah, nahm er das Seil, durch das er mit demselben verbunden war, in die Zähne und hielt sich dann am Felsseil mit beiden Händen fest, so daß er mit dem Seil in den Zähnen den Sturz des Engländers, mit dem Kopf denjenigen des nachgerissenen Vorderführers aufhielt.

Selbst Kinder von 2 Jahren an aufwärts retten sich nicht selten durch ein erstaunlich rasches, zielbewußtes Eingreifen selbst in complicirten Situationen. Ich habe drei merkwürdige Beispiele der Art constatirt.

Gewiß ist es *nicht* zutreffend, wenn man in solchen Fällen von einer »ganz gewöhnlichen Geistesgegenwart« als persönlicher Eigenschaft der Betreffenden spricht. Vielmehr läßt sich durch zahlreiche Beispiele beweisen, daß der *Gleiche*, der eine merkwürdige That der Art angesichts des Todes zu leisten im Stande ist, durch ein weniger gefährliches Ereignis völlig schrecklahm wird und nichts mehr oder gar nur ganz Verkehrtes zu thun im Stande ist. Bei dem höchsten Grad von

Ueberraschung steigert sich die Geistesgegenwart, bei einem geringeren Grade wird sie bei Vielen eher gelähmt.
Andererseits aber halte ich es auch für unrichtig, wenn man solches Handeln blos mit der Bezeichnung einer ›Reflexbewegung‹ abthun wollte. Es handelt sich dabei eben doch in vielen verbürgten Fällen nicht nur um automatische Abwehrbewegungen oder unwillkürliches Greifen nach einer rettenden Handhabe, sondern sehr oft handelt der Abstürzende oder allgemeiner der Verunglückende *auf Grundlage und in Folge* einer in allen Theilen vorher klar, wenn auch sehr schnell, aber *völlig bewußt durchgeführten complicirten* Gedankenreihe. Als ich im Sommer 1881 zwischen Aosta und St. Rémy zwischen die vorderen und hinteren Räder eines fahrenden Wagens gerieth und mich einen Augenblick schwebend am Wagenrande noch halten konnte, ging mir folgende Gedankenreihe durch den Kopf: Ich kann mich nicht so lange halten, bis die Pferde stille stehen, ich muß gehen lassen. Lasse ich einfach gehen, so falle ich auf den Rücken und die Räder fahren mir vorn über die Beine. Dann ist wenigstens ein Bruch der Kniescheibe oder der Schienbeine unvermeidlich und ich bin schwer verletzt. Kann ich mich wenden, so daß ich auf den Bauch falle, so gehen mir die Räder über die Rückseite der Beine. Wenn ich dann dort die Muskulatur fest anspanne, so ist das ein schützendes Kissen für die Knochen. Der Druck der Straße wird weniger leicht einen Knochen brechen als der Druck eines Rades. Wende ich mich beim Gehenlassen *links*, so kann ich vielleicht auch noch das linke Bein genügend zurückziehen, Wendung nach rechts hingegen hätte bei der Gestalt des Wagens mir beide Beine unter den Wagen gebracht. Ich weiß ganz deutlich, daß ich erst *nach* dieser blitzschnellen, in allen einzelen Theilen mir ganz deutlich, wie im Gehirn fixirt, eingeprägt gebliebenen Reflexion mich fallen lassen mußte, dabei durch einen Armruck mich links drehte, das linke Bein kräftig hinausschwang und sogleich die Beinmuskel nach äußersten Kräften anspannte. Das Rad ging mir durch

die rechte Kniekehle, und ich kam mit einer leichten Quetschung davon. Ganz ähnliche Geschichten haben mir manche Andere erzählt.
Das ist nicht eine bewundernswerthe Geistesgegenwart, das ist aber auch nicht bloße Reflexbewegung. Vielmehr ist es eine Reflexion, wie sie im Momente der äußersten Aufregung von selbst mit Naturnothwendigkeit in dem durch Schreck auf's Aeußerste angespannten menschlichen Geiste erscheint. Darstellung der subjectiven Empfindungen bei einem plötzlichen Unglücksfall ist diejenige eines Theologiestudenten, der mit der Mönchensteinerbrücke am 14. Juni 1891 einbrach. Sie zeigt zugleich, wie die wesentlichen Erscheinungen bei Unglücksfällen verschiedener Art ähnlich sind. Ich entnehme das Folgende dem ›Schweiz. Protestantenblatt‹ vom 20. Juni 1891:
›Die Fahrt ging im schnellsten Tempo, doch sehr unregelmäßig und ruckweise, so daß ein Gespräch unmöglich war. Die beiden Locomotiven arbeiteten nicht gut zusammen und dies hatten die hinteren Wagen zu entgelten. Das Gefühl der Sicherheit war in Folge dessen nicht groß. Ich nahm es im ersten Augenblick nicht so ernst, als bei der Birsbrücke plötzlich ein stärkerer Stoß als alle bisherigen erfolgte. Doch im gleichen Moment stand auch der Zug mitten im schnellsten Laufe still. Der Stoß warf die Insaßen bis zur Decke empor. Ich saß rückwärts und konnte nicht sehen, was vorging. Der gewaltige, metallharte Donner, der von vorn erscholl, ließ mich einen Zusammenstoß vermuthen. Ich öffnete die Thüre und wollte davon; doch im gleichen Augenblick hob sich der nachfolgende Wagen hoch empor und drohte auf mich niederzustürzen. Ich kehrte um an meinen Platz und wollte meinem Nachbar am Fenster zurufen: Zum Fenster hinaus! – Ein heftiger Biß in die Zunge schloß mir den Mund. In allerkürzester Zeit vollzog sich nun die gräßlichste Niederfahrt, die man sich denken kann. Ich klammerte mich krampfhaft an meinen Sitz. Arme und Beine funktionirten in mustergültiger Weise, jedes

instinktiv für sich selber sorgend und mit Blitzesschnelle die durch die hereinbrechenden Bretter, Stangen, Bänke gebotenen Reflex- und Parirbewegungen vollführend. *Eine ganze Fluth von Gedanken hatte unterdessen Zeit, in klarer Weise durch das Gehirn zu ziehen:* Der nächste Stoß bringt mir den grimmen Tod, hieß es. *Eine Reihe von Bildern zeigte mir in rascher Folge alles Schöne und Liebe, das ich auf dieser Welt erlebt, und dazwischen tönte wie eine gewaltige Melodie die Predigt, die ich am Morgen von Herrn Obersthelfer gehört hatte:* Gott ist allmächtig, Himmel und Erde ruhen in seiner Hand; seinem Willen müssen wir stillehalten. *Unendliche Ruhe überkam mich bei diesem Gedanken, mitten unter all' dem furchtbaren Getümmel.* Zweimal noch wurde der Wagen emporgeschleudert; dann fuhr der vordere Theil plötzlich senkrecht hinunter in die Birs, und der hintere Theil mit mir wurde seitwärts über den Damm hinunter in die Birs geschleudert. Der Wagen war zerschmettert. Ich lag unter einem Haufen von Brettern und Bänken eingeklemmt und gepreßt und erwartete den nächsten Wagen auf den Kopf; da wurde es plötzlich still. Das Gepolter hörte auf. Von der Stirne rieselte es heiß herab, *doch ohne Schmerz.* Der Blutverlust wirkte erleichternd. Nach kurzer Anstrengung hatte ich mich aus dem Trümmerhaufen durch ein Fenster herausgearbeitet und erhielt erst jetzt einen Begriff von der Größe des geschehenen Unglücks . . .‹

Ganz ähnlich lauten zahlreiche Berichte von Abgestürzten: Ein nordböhmischer Postmeister, der 1871 als achtjähriger Knabe 22 Meter hoch frei über eine Felswand fiel, berichtet mir:

›Ich empfand während des Sturzes absolut kein unangenehmes Gefühl. Es ist mir deutlich erinnerlich, daß ich mich in der Luft drei bis vier Mal überschlug; ich hatte dabei nur die eine Sorge – ich könnte mein Taschenmesser, das mir mein Vater eben geschenkt hatte, verlieren! Trotz der schweren Gehirnerschütterung und den zahlreichen Hautschürfungen, die ich davontrug, kann ich doch nur wiederholt versichern, daß ich beim Sturze selbst *nicht die geringste unangenehme, schmerzliche oder beängstigende Empfindung hatte.* Das Auffallen empfand ich gar nicht mehr, ich bin wohl schon vorher vollkommen bewußtlos geworden.‹

Unser Clubgenosse J. Sigrist, der rücklings vom Gipfel des Kärpfstockes fiel, berichtet:

›Der Sturz, der doch nach hinten hinaus erfolgte, war durchaus nicht, wie man gewöhnlich glaubt, von dem beängstigenden Gefühl begleitet, das man oft im Traume hat, im Gegentheil, ich glaubte mich schwebend auf die angenehmste Weise nach unten getragen und hatte vollstes Bewußtsein während des Falles. Ich überblickte ohne Pein und ohne Beängstigung meine Lage und die Zukunft meiner Familie, die ich durch Versicherung geborgen hielt, und zwar mit einer Raschheit, wie sie sonst nie möglich wäre. Von Verlieren des Athems, wie die Leute es oft behaupten, war keine Spur, und erst der stärkste Anprall unten auf dem schneebedeckten Felsband nahm mir schmerzlos das Bewußtsein. Die vorherigen Schürfungen an Kopf und Gliedern fühlte ich nicht. Ich könnte mir keine leichtere, schönere Todesart denken. Das Wiedererwachen allerdings brachte dann andere Gefühle.‹

Ganz ähnlich lauten fast alle mir mündlich gewordenen Berichte, sowie die Erzählungen von Whymper, Tyndall etc.

Weniger nach den einzelnen Vorgängen, als vielmehr nach den Persönlichkeiten ist der Zeitmoment sehr verschieden, in welchem die Bewußtlosigkeit beim Absturz eintritt. Aelpler versicherten mich oft, daß der eine von ihnen gleich zu Beginn des Sturzes das Bewußtsein verliere und nachher nichts mehr vom Hergang zu berichten wisse, die meisten andern aber verlieren das Bewußtsein erst bei einem heftigen Aufschlagen. Noch weit seltener sind diejenigen Fälle, wo ohne ein eigentliches Verlieren des Bewußtseins der Stürzende handelnd richtig eingreift, z.B. von der zusammengebrochenen Brücke an's Ufer watet und heraussteigt etc., ohne nachher die geringste Erinnerung von dem Vorgang und seinem Handeln mehr zu haben. Es kann also unter Umständen statt dem ganzen Bewußtsein bloß das Gedächtniß für einige Secunden auslöschen. Während einem Absturze selbst bleibt der Stürzende in der Regel still. Ein Angstschrei ist kaum jemals beobachtet worden.

Eine eigene Erfahrung über die Empfindungen beim Absturz darf ich hier wohl noch erzählen, weil ich ein vollständigeres Bild davon geben kann, als von den mir mündlich oder schriftlich gemachten Mittheilungen Anderer.

Eine Truppe guter Berggänger stiegen wir 1871 bei noch ziemlich viel Schnee vom Blauen Schnee am Säntis gegen die Seealp hinab. Ich ging voran. Wir kamen oberhalb der Fehlalp bei etwa 1800 m an den obern Rand eines steilen Schneecouloirs, das schief zwischen zwei, im Siegfried-Atlas Blatt 240 deutlich gezeichneten, Felsköpfen steil hinab sich zog. Die Andern zauderten, ich fuhr sofort stehend hinab. Es ging sehr schnell. Der Luftzug wollte mir den Hut abnehmen. Anstatt ihn fahren zu lassen, beging ich den Fehler, ihn noch rasch halten zu wollen. Diese Bewegung brachte mich zum Fall. Nun vermochte ich meinen Sturz nicht mehr zu regieren. Ich trieb mit Windeseile an den linksseitigen Felskopf, prallte am Felsbord hinauf, fuhr dann auf dem Rücken, mit dem Kopf nach unten, über den Fels und flog schließlich noch circa 20 Meter frei durch die Luft, bis ich auf der Schneekante unter der Wand liegen blieb.

Sofort, wie ich stürzte, sah ich ein, daß ich nun an den Fels geworfen werden müsse, und erwartete den Anprall. Ich grub mit den gekrallten Fingern in den Schnee, um zu bremsen, und riß mir dadurch alle Fingerspitzen blutig, ohne Schmerz zu empfinden. Ich hörte genau das Anschlagen meines Kopfes und Rückens an jeder Ecke des Felsens, und ich hörte den dumpfen Schlag, als ich unten auffiel. Schmerzen aber empfand ich erst etwa nach einer Stunde. Während dem Fall stellte sich die erwähnte Gedankenfluth ein. Was ich in fünf bis zehn

Secunden gedacht und gefühlt habe, läßt sich in zehnmal mehr Minuten nicht erzählen. Alle Gedanken und Vorstellungen waren zusammenhängend und sehr klar, keineswegs traumhaft verwischt. Zunächst übersah ich die Möglichkeiten meines Schicksals und sagte mir: Der Felskopf, über den ich nächstens hinausgeworfen werde, fällt unten offenbar als steile Wand ab, denn er verdeckte den unten folgenden Boden für meinen Blick; es kommt nun ganz darauf an, ob unter der Felswand noch Schnee liegt. Wenn dies der Fall ist, so wird der Schnee von der Wand abgeschmolzen sein und eine Kante bilden. Falle ich auf die Schneekante, so kann ich mit dem Leben davonkommen, ist aber unten kein Schnee mehr, so stürze ich ohne Zweifel in Felsschutt hinab, und dann ist bei dieser Sturzgeschwindigkeit der Tod ganz unvermeidlich. Bin ich unten nicht todt und nicht bewußtlos, so muß ich sofort nach dem kleinen Fläschchen Essigäther greifen, das ich beim Weggehen auf dem Säntis nicht mehr in die Tornisterapotheke geborgen, sondern nur in die Westentasche gesteckt habe, und davon einige Tropfen auf die Zunge nehmen. Den Stock will ich nicht gehen lassen, vielleicht kann er mir noch nützen. Ich behielt ihn dann auch fest in der Hand. Ich dachte daran, die Brille wegzunehmen und fortzuwerfen, damit mir nicht etwa ihre Splitter die Augen verletzen, allein ich wurde derart geworfen und geschleudert, daß ich der Bewegung meiner Hände hiefür nicht mächtig werden konnte. Eine andere Gedanken- und Vorstellungsgruppe betraf die Folgen meines Sturzes für die Hinterbleibenden. Ich sagte mir, daß ich, unten angekommen, gleichgültig, ob ich schwer verletzt sei oder nicht, jedenfalls, wenn immer möglich, sofort aus Leibeskräften rufen müsse: »es hat mir gar nichts gethan!« damit meine Begleiter, darunter mein Bruder und drei Freunde, aus dem Schrecken sich so weit aufraffen könnten, um überhaupt den ziemlich schwierigen Abstieg zu mir herab zu Stande zu bringen. Ich dachte daran, daß ich nun meine auf fünf Tage später angekündigte Antrittsvorlesung als Privatdocent jedenfalls

nicht halten könne. Ich übersah, wie die Nachricht meines Todes bei den Meinigen eintraf, und tröstete sie in Gedanken. Dann sah ich, wie auf einer Bühne aus einiger Entfernung, mein ganzes vergangenes Leben in zahlreichen Bildern sich abspielen. Ich sah mich selbst als die spielende Hauptperson. Alles war wie verklärt von einem himmlischen Lichte und Alles war schön und ohne Schmerz, ohne Angst, ohne Pein. Auch die Erinnerung an sehr traurige Erlebnisse war klar, aber dennoch nicht traurig. Kein Kampf und Streit, auch der Kampf war Liebe geworden. Erhabene und versöhnende Gedanken beherrschten und verbanden die Einzelbilder, und eine göttliche Ruhe zog wie herrliche Musik durch meine Seele. Mehr und mehr umgab mich ein herrlich blauer Himmel mit rosigen und besonders mit zart violetten Wölklein – ich schwebte peinlos und sanft in denselben hinaus, während ich sah, daß ich nun frei durch die Luft flog, und daß unter mir noch ein Schneefeld folgte. Objectives Beobachten, Denken und subjectives Fühlen gingen gleichzeitig nebeneinander vor sich. Dann hörte ich mein dumpfes Aufschlagen, und mein Sturz war zu Ende. In dem Momente war mir, es husche ein schwarzer Gegenstand vor meinen Augen vorüber, und ich rief aus Leibeskräften drei bis vier Mal nacheinander: »Es hat mir gar nichts gethan!« Ich nahm von dem Essigäther, ich griff nach der Brille, die unversehrt neben mir im Schnee lag, ich betastete meinen Rücken und meine Glieder, um zu constatiren, daß ich keine Knochen gebrochen.
Da sah ich meine Begleiter langsam, Tritt um Tritt hauend, im Schneecouloir schon ganz nahe bei mir hinter dem Felskopf, über den ich hinausgeflogen war, erscheinen. Ich konnte nicht begreifen, daß sie schon so weit wären. Sie sagten aber, ich hätte wohl eine halbe Stunde keine Antwort gerufen. Hieraus erst ersah ich, daß ich beim Aufschlagen das Bewußtsein verloren hatte. Damit war aus jeder Sinnes- und Gefühls- und Gedankenthätigkeit eine halbe Stunde herausgeschnitten. Der schwarze Gegenstand war das Verschwinden der Bewußtlo-

sigkeit, das offenbar für das Auge einen Bruchtheil einer Secunde später sich einstellte, als für das empfindende Gehirn. Und ohne den Unterbruch selbst zu bemerken, hatten die Gedanken und Thätigkeiten nachher genau da sich fortgesetzt, wo sie vorher unterbrochen worden waren. Dazwischen war ein absolutes subjectives Nichts. Die schönen, himmlischen Vorstellungen aber empfand ich nur, so lange ich noch durch die Luft flog und sehen und denken konnte. Mit der Bewußtlosigkeit beim Aufschlagen waren auch sie plötzlich weggewischt und setzten nachher nicht mehr fort.

Noch konnte ich gehen, nachdem mich mein Freund, Andreas Anton Dörig, auf die Beine gestellt hatte. Die Quetschungsschmerzen im Rücken und der Kopfschmerz entrissen mir zwar manchen Schrei, bis ich, in Eisumschläge gewickelt, auf der Meglisalp lag. Meine Antrittsvorlesung habe ich aber dennoch zur vorher festgesetzten Zeit gehalten.

Ganz gewiß ist es für das subjective Momentangefühl und für die Erinnerung unvergleichlich peinlicher, einen Andern stürzen zu sehen, als selbst zu stürzen. Dies bezeugen zahllose Erzählungen. Oft sind die Zuschauer bis zur Unfähigkeit schrecklahm und zittern an Leib und Seele, oder nehmen sogar dauernden Schaden durch den Schreck, während der Abgestürzte, wenn er nicht schwer verletzt ist, ganz über Schreck und Pein hinweggekommen ist. Als spätere Reaction folgt dann freilich bald heftiger Kopfschmerz und große Müdigkeit. Ich habe schon mehrmals Andere abstürzen sehen – zwar ohne tödtlichen Ausgang. Aber diese Erinnerungen bleiben doch stets schaurig. Ich muß sogar bezeugen, daß mich die Erinnerung an den Absturz einer Kuh noch oft peinlich verfolgt, während meine eigenen Unglücksfälle nur in angenehmer Verklärung im Gedächtniß eingeschrieben sind – ohne Pein und ohne Schmerz, eben so, wie sie thatsächlich empfunden worden sind. Selbst ein unangenehmes Nervenkitzeln, wie auf hoch schwingender Schaukel, kommt beim Absturz mit Todesgefahr *nicht* vor.
Nachdem die Zeitungen einige Notizen über meinen in der Section Uto gehaltenen Vortrag gebracht hatten, erhielt ich aus Ungarn, Böhmen, Deutschland, England eine ganze Anzahl von Zuschriften von Verunglückten, welche alle meine schon vorher aus zahlreichen Erzählungen gewonnenen Resultate bestätigen: Klares, sehr rasches Denken ohne Schreck, ohne Pein, ohne Schmerz. Entsetzlich wird der Tod durch Absturz nur dann, wenn er nicht rasch erfolgt, wenn der Abgestürzte aus der Bewußtlosigkeit wieder erwacht und dann Stunden, Tage oder gar Wochen lang leidet, bis er langsam stirbt. Doch von diesen Fällen wollte ich hier nicht sprechen. Wir sind zu dem Resultate gelangt, daß der Tod durch Absturz subjectiv ein schöner Tod ist. Ohne vorangegangene Krankheit erfolgt er bei klarem Bewußtsein, bei gesteigerter Sinnes- und Gedankenthätigkeit, ohne Angst und ohne Pein. Unsere im Gebirge todtgestürzten Freunde haben im letzten

Moment ihre eigene Vergangenheit in Verklärung geschaut. Sie haben der Ihrigen noch liebend gedacht, sie waren schon erhaben über körperlichen Schmerz, reine, große Gedanken, himmlische Musik, das Gefühl des Friedens und der Versöhnung beherrschte sie, sie fielen in einen blauen und rosigen, herrlichen Himmel hinein so sanft, so weich, so selig – und dann war plötzlich Alles still. Die Bewußtlosigkeit tritt plötzlich ein, ohne Qual, sie selbst enthält keine Qualen, und in diesem Zustande sind eine Secunde und ein Jahrtausend genau gleich lang und gleich kurz; sie sind ein Nichts für uns. Der Tod kann für den Bewußtlosen keine Veränderung mehr bedingen, die absolute Ruhe, das schmerzlose Ausgelöschtsein bleiben unverändert.

Man könnte nun eine Erklärung dieser Erscheinungen versuchen. Je nachdem man von einem physiologischen oder von einem philosophischen Standpunkte ausgeht, dürfte die Erklärung sehr verschieden ausfallen und zu sehr verschiedenen weiteren Vermuthungen führen. Ich betrete dieses unsichere Gebiet absichtlich nicht. Ich wollte nicht mehr, als blos die thatsächlichen Erscheinungen dieser enormen Steigerung des Lebens zeigen, die der Menschengeist beim Tod durch Absturz bietet, und ich möchte den Boden der directen Beobachtung nicht verlassen.

Für die Hinterbliebenen sind solche Todesfälle entsetzlich und hart. Als ich aber einst einer Mutter, deren zwei vortreffliche Söhne todtgestürzt waren, meine Ueberzeugung und meine Beobachtungen dieser Art mittheilte, da war ihr das doch ein Trost – sie wußte jetzt: der Tod war für die Abgestürzten ein schöner Tod! Versöhnung und seliger Friede war die letzte Empfindung, mit der sie von der Welt Abschied nahmen und gewissermaßen in ihren Himmel hineinfielen. Legen wir, liebe Clubgenossen, im Geiste einen Kranz auf die Gräber der Abgestürzten!«

# Todessehnsucht – »unlöschbar der Durst nach Todesgefahr«

Als ich vor dem Aufbruch zu meinem Alleingang am Nanga Parbat einem Journalisten auf die Frage nach dem Sinn dieses Unterfangens die Gegenfrage stellte, welchen Sinn wohl sein Leben hätte, antwortete er nicht. Er griff sich an die Stirn und ging weg. Dem Artikel, den er veröffentlichte, folgten Telefonanrufe mit der Frage, ob ich sicher sei, wieder zurückzukehren. »Nein«, antwortete ich z. B. einer Anruferin. »Aber sind Sie sicher, noch am anderen Ende der Leitung zu sein?«
Wenn jemand die Frage nach der subjektiven Zeit, das heißt nach der Lebenserwartung, dem Tod stellt, muß man nicht erbleichen, wie das im westlichen Kulturkreis üblich ist. Wer den Tod nicht fürchtet, ist noch lange kein Todessehnsüchtiger und erst recht kein potenzieller Selbstmörder.
Seit ich mit dem Nichts vertrauter bin, halte ich es noch lange nicht mit Eugen Guido Lammer, einem der bekanntesten Alpinisten aus der Blütezeit des Bergsteigens im vorigen Jahrhundert. Ihn »reizte nicht nur der Kampf mit der Gefahr, sondern die Gefahr selbst«.
Im Gegensatz zu Lammer sehe ich das Leben als eine Spielmöglichkeit an, und ich fuhr nicht allein zum Nanga Parbat, um mich in das »Walten des Zufalles« zu stellen, sondern nur, um weiterzuspielen. Lammer und seine vielen Anhänger hätten mich und meine Einstellung sicher nicht begreifen können. Sie dachten ganz anders:
»In der wahrhaftigen Gefahr, z. B. als Schifahrer im Lawinengelände stelle ich mich unter das Walten des Zufalls, also des Sinnlosen. Weil ich aber überall in dieser Welt die Ordnung herrschen sehe, das Gesetz, so glaube ich nicht an das Sinnlose. Zufall sagen die Leute nur, weil ihr Auge zu blöde ist, hier die zarten Gewebfäden eines Alldurchdringenden Kosmos wahrzunehmen. Indem ich mich also freiwillig in den Sturzbach der Gefahr und des Zufalles werfe, fordere ich ein höheres, überphysisches Gesetz heraus. Unsere Altvorderen nannten derlei Hybris oder Gott versuchen, auch die biblisch Frommen von heute; und so was wird es wohl sein. Und ge-

rade dies lockte mich oft; ich fühlte deutlich, wie sich in der bewußt aufgesuchten Gefahr mein Wesen in zwei spaltete: Mag immer mein armer Leib an dem Zufall zerschellen, wenn nur mein unbändiges Wollen seine Luziferfittiche stolz geschwellt hat in düster prächtiger Dämonie! Aber obwohl ich (psychologisch, also tatsächlich) mich oft berauscht habe mit diesem Morphium von Todesgefahr und Egmont-Dämonie, muß ich (ethisch, also denkend) doch dem Grafen Keyserling beistimmen: Der Spieler ist der Antipode des Helden; während dieser sein Leben tief bedeutsam weiß und es opfert, weil er noch Höheres anerkennt, setzt jener es aufs Spiel, weil es ihn gleichgültig dünkt.«

So Lammer, der »Übermensch«. Ich verstehe Leben als spontanes Spiel, das ich hier und jetzt leben will. Bergsteigen auch als die Kunst, den Gefahren mit Geschick auszuweichen. Es ist schwierig, verständlich zu machen, daß eine solche Einstellung weder die eines Helden im heidnischen Sinne ist, noch die des Übermenschen.
Ich habe, wie jeder gesunde Mensch, Angst, wenn ich über meine Verhältnisse lebe, eine Stelle klettern möchte, die ich nicht beherrsche, und ich ging bisher immer zurück, wenn ich fürchtete, abzustürzen.
Die große Kunst beim Bergsteigen ist es, die Grenze zwischen Feigheit und Wahnsinn zu erkennen, so schwierig wie jede Selbsteinschätzung. Mit anderen Worten: den größtmöglichen Schwierigkeiten mit größtmöglicher Vorsicht zu begegnen. Ein Schritt weiter, und du stürzt ab, ein Schritt zurück bedeutet Unzufriedenheit in der Sicherheit. »Das Können als des Dürfens Maß« steckt – lebendig durch eine natürliche Angstsperre – in jedem Bergsteiger, und alle Motivationen sind legitim, nicht kritisierbar. Kritisierbar ist ein Bergsteiger nur dann, wenn die Vorstellung, die er von sich selbst hat, mit seinem Selbst nicht übereinstimmt. Wer sich als Bergsteiger überschätzt, lebt nicht lange.

ABSTURZ AM MATTERHORN.
Gustave Doré, 1869.

Um dieses Thema hier abzurunden, lasse ich drei der bedeutendsten Alpinisten aus der zweiten Hälfte des vergangenen Jahrhunderts zu Wort kommen: Edward Whymper, Hermann von Barth und Eugen Guido Lammer.

## *Col du Lion*

Edward Whymper, der Bezwinger des Matterhorns, erzählt sehr anschaulich von seinem Absturz am Col du Lion und versucht im Anschluß daran, sich über die Empfindungen, die dieser Sturz auslöste, klarzuwerden:

»Ich war über den Col du Lion hinüber und würde nach fünfzig Schritten an der großen Treppe gewesen sein, die man hinunterlaufen kann. Als ich aber an der Ecke der Klippen der Tête du Lion ankam und am oberen Ende des Schneefelds hinging, das sich ans Eis anlehnt, fand ich, daß die Hitze der beiden letzten Tage die Stufen, die wir bei dem Hinaufsteigen gemacht hatten, beinahe verwischt habe. Gerade an dieser Ecke waren die Felsen ungangbar, und es ließ sich daher weiter nichts tun, als neue Stufen zu machen. Um niedergeschlagen oder niedergetreten zu werden, war der Schnee zu hart, und an der Ecke gab es nichts als Eis. Ich brauchte bloß ein halbes Dutzend Stufen und konnte dann wieder den Felsleisten folgen. Ich hielt mich also mit der rechten Hand am Felsen und stieß mit der Spitze meines Stockes in den Schnee, bis eine gute Stufe fertig war, worauf ich mich um die Ecke bog und auf der anderen Seite dasselbe tat. So weit ging alles gut, aber als ich um die Ecke ging, glitt ich aus und fiel. Wie dies geschah, kann ich heute noch nicht begreifen.
Wegen meines Tornisters fiel ich mit dem Kopfe voran und geriet zwölf Fuß weiter unten zwischen einige Felsblöcke. Diese fingen sich an etwas und stürzten mich vom Schneerande hinweg in eine Rinne. Mein Stock wurde mir aus den Händen gerissen, und ich wirbelte in einer Reihe von Sprün-

gen, die immer länger wurden, niederwärts, bald über Eis und bald über Felsen, wobei ich vier- bis fünfmal mit dem Kopfe aufschlug, und zwar jedesmal stärker. Endlich wurde ich in einem Sprunge von fünfzig bis sechzig Fuß von einer Seite der Rinne auf die andere geschleudert und schlug zum Glück mit meiner ganzen linken Seite auf die Felsen. Diese fingen sich einen Augenblick lang in meinen Kleidern, und ich fiel auf den Schnee zurück. Glücklicherweise lag mein Kopf nach oben, und einige krampfhafte Griffe brachten mich am Rande des Abgrundes zum Stillstand. Stock, Hut und Schleier flogen bei mir vorbei und verschwanden, und das Krachen der Felsblöcke, die ich aus dem Gleichgewicht gebracht hatte und die nun auf den Gletscher fielen, sagte mir, wie nahe ich dem gänzlichen Untergange gewesen sei. In sieben bis acht Sprüngen war ich nahe an zweihundert Fuß tief gefallen. Noch zehn Fuß weiter und ich flog in einem riesigen Satze von achthundert Fuß auf den Gletscher unten.
Meine Lage war noch immer ernsthaft genug. Ich konnte die Felsen nicht einen Augenblick loslassen, und mein Blut floß aus mehr als zwanzig Wunden. Die schlimmsten Verletzungen hatte ich am Kopfe und suchte sie vergebens mit der einen Hand zu schließen, während ich mich mit der anderen festhielt. Es war nutzlos, das Blut spritzte bei jedem Pulsschlag hervor und blendete mich fast. Endlich hatte ich den glücklichen Gedanken, ein großes Stück Schnee loszureißen und als Pflaster auf den Kopf zu legen. Das half, der Blutfluß verminderte sich, und ich kletterte nun zu einem sicheren Platze, wo ich in Ohnmacht fiel . . .
Da es selten vorkommt, daß jemand einen solchen Fall überlebt, so hört man vielleicht gern, was ich während meines Sturzes empfand. Ich wußte vollständig, was geschah, und ich fühlte jeden Schlag, hatte aber wie ein chloroformierter Kranker keine Schmerzen. Jeder Schlag war natürlich stärker, als der vorhergehende, und ich erinnere mich genau, daß ich dachte: »Ist der nächste noch stärker, dann ist es vorbei.« Wie

"IN ATTEMPTING TO PASS THE CORNER I SLIPPED AND FELL."

bei Personen, die vom Ertrinken gerettet worden sind, schossen mir eine Menge Dinge durch den Kopf, häufig bloße Kleinigkeiten oder Dummheiten, die ich längst vergessen hatte. Noch merkwürdiger ist, daß dieses Springen durch den leeren Raum mir nicht unangenehm war. Ich denke mir, daß ich nicht tief mehr zu fallen brauchte, um Bewußtsein und Empfindung gänzlich zu verlieren, und darauf stütze ich meine Behauptung, die vielen als unhaltbar erscheinen mag, daß der Tod durch einen Fall von großer Höhe ein so schmerzloses Ende ist, wie es nur eines geben kann.
Ich schlug sehr stark auf, erlitt aber keinen Knochenbruch. Meine schwersten Verletzungen waren ein vier Zoll langer Schnitt oben auf dem Kopfe und ein drei Zoll langer an der rechten Schläfe, der furchtbar blutete. Einen Schnitt von der Länge des letzteren hatte ich in der Fläche der linken Hand, und jedes Glied war mehr oder weniger zerschunden und geritzt. Meine Ohrenspitzen waren abgerissen, und eine scharfe Felsenspitze hatte mir mit einem Schlage ein rundes Stück aus meinem linken Stiefel, Strumpfe und Knöchel herausgeschnitten. So groß der Blutverlust war, brachte er mir keinen dauernden Nachteil. Die schlimmste Folge war, daß mein ausgezeichnetes Gedächtnis zu einem ganz gewöhnlichen wurde. An entferntere Vorgänge erinnere ich mich so gut wie früher, aber die Ereignisse jenes Unglückstages würden mir ganz entschwunden sein, wenn ich mir nicht vor dem Unfall einige Notizen gemacht hätte.«

## *Ofelespitz*

Hermann von Barth, einer der großen Ostalpenerschließer, hatte am 29. August 1871 zum erstenmal den Ofelespitz im Wetterstein erstiegen.
»Um halb 5 Uhr begann ich den Abstieg. Die Kluft, welche ich forciert hatte, machte mir etwas Sorge, doch nicht allzu-

viel; ein Fragezeichen auf meinem Rückwege zu wissen, war mir nichts Neues mehr. Ich dachte zwar daran, in den Einbruch an der Ostseite des Gipfels hinunterzuspringen, ging auch bis an die Kante vor, fand jedoch die Situation etwas zu problematisch und kehrte in meine Kluft zurück. Ohne Schwierigkeit schob ich durch ihre Windung mich hinunter bis vor die kritische Stelle. Dort sah es freilich übel genug aus. Nirgends ein Halt noch Tritt – was ich im Anstiege nicht hatte finden können, war natürlich nicht nachgewachsen, während ich auf dem Gipfel saß.
Die Steinmasse, an welche ich mich festgeklammert hatte, erkannte ich wieder; sie lag just vor dem ausgestreckten Fuße. Jenseits der sperrenden Klippe konnte ich nichts mehr sehen. Wie hinauf – so hinab, lautete das Gebot der Notwendigkeit. Ich kehrte das Gesicht gegen die Wand, stemmte mich wieder gegen die rechtsseitige Mauer und rutschte hinab. Die Füße hingen bereits in der Luft, als ich endlich den Steinzacken zu fassen bekam und, diesen Halt einmal in Händen, behutsam weiter hinunterließ. Aber ich fand keinen Boden. Den Tritt drüben, von welchem aus ich mich schräg in die Kluft gelegt, konnte ich nicht mehr erreichen, und einen anderen ertastete ich nicht. – Schließlich hing ich mit ausgestrecktem linken Arm am Zacken, die Füße tappten in der Leere herum. Die Muskelkraft begann nachzulassen, die nächste Viertelstunde mußte mir die Notwendigkeit aufdrängen, freiwillig meinen Halt preiszugeben – der peinliche Entschluß wurde mir erspart. Ein leises Kricken – der Stein reißt aus der Wand – und dahin geht der Sturz. Zweimal schlage ich auf Stufen der Kluft auf, noch aufrecht, Gesicht gegen die Mauer, das drittemal werde ich gedreht, der Breite nach auf den Trümmergürtel hinuntergeschmettert, überschlage mich dort ein- oder zweimal, komme aber wieder auf den Rücken zu liegen und, Hände und Füße alsbald spreizend, noch rechtzeitig zum Aufhalt. Zwei Schritte weiter – und ein neuer Steilwandsturz hätte mich unfehlbar ins Berglen Plattach hinunterbefördert.

Das Ganze war das Werk von ein paar Sekunden; gefühlt hatte ich von der ganzen Sache wenig und stimme in dieser Hinsicht vollkommen mit Herrn Whympers Bemerkungen überein; ich glaube nicht, daß ein tödlicher Sturz viel mehr Empfindung hervorrufe. Die Besinnung hatte ich einen Augenblick verloren, wußte genau, wo ich mich befand und woran meine letzte durch ein glückliches Geschick auch realisierte Hoffnung hänge. Die Sturzhöhe schätze ich auf etwa 30 Fuß.

Da saß ich auf dem Schuttfelde und rieb mir die Stirn. Schon dagewesen, aber lange nicht mehr vorgekommen.«

## *Matterhorn*
### von Eugen Guido Lammer

»Soll mein Sturz vom Matterhorn etwas Anderes sein als ein leeres Kinodrama, als ein abenteuerliches Spiel sinnloser Zufälle, soll der Leser vielmehr das unentrinnbar Notwendige herausfühlen, dann muß meine Rede schonungslos wahr sein, nicht nur getreu die äußeren Vorgänge künden, sondern auch mein Inneres bloßlegen, ohne zu prahlen, ohne zu schmükken, aber auch ohne Reue. Nur meines verunglückten Freundes tiefste Gefühle und verborgenste Beweggründe darf ich nicht entblößen.

1887. Ein heißer Sommer brach an über Zermatt mit langen, sonnigen Wochen. Hinter mir lag ein Jahr ohne Berge, mein Militärjahr. Rotglühend lohte in meinem Busen die Sehnsucht nach alpiner Tat, unlöschbar der Durst nach Abenteuer und Todesgefahr. Ich war entschlossen, das Höchste zu wagen, mein Leben wieder und wieder auf des Messers Schneide zu setzen. Das hatte weit tiefere Gründe als bloße Sportlust oder blasierte Stumpfheit der Nerven, doch kann ich hier nicht in der nötigen Breite darlegen, mit welcher Wucht der schaurige Zweifel auf meiner jungen Seele lastete und die Zerfetzung al-

THE MATTERHORN, FROM NEAR THE SUMMIT OF THE THEODULE PASS.

ler Menschheitgüter, worunter in den Achtziger und Neunziger Jahren alle tieferen Naturen litten. Ich war ein wilder Bursche und ein echtes Kind jener Zeit der geistigen Märzenstürme: Damals in den Achtziger Jahren zertrümmerten wir alles, was unseren Vätern heilig war, wir verspotteten all ihre verwelkten Ideale, alles was sie für gut und schön und wahr hielten: ihre Dichtung und ihre Bauten und Bilder; wir verneinten ihre Religion und ihr Vaterland, jedwede Autorität, die Ehe und vor allem die überlieferte Vätermoral. Ich war nicht unmoralisch, sondern amoralisch gleich der Eiche oder dem Adler oder dem Sturm. Nichts mehr ließen wir gelten als das ungehemmte Ausleben der starken Persönlichkeit nach den innersten Gesetzen ihrer eigenen Natur. Denkt an Nietzsche, den treuesten Spiegel seiner Zeit, den ich aber damals noch nicht kannte! Erst etwas später, in den Neunziger Jahren wuchsen meiner Generation und auch mir neue künstlerische Ideale im Herzen, ich fand soziale Ziele und solche der Erziehung und schuf mir von innen heraus eine neue Ethik. Damals aber, 1887, war ich splitternackter Individualist und stieg auch darum auf die Berge, um den ungestümen Leidenschaften meines Busens schrankenlosen Lauf zu lassen. Und die Alpinistik, in der sich mein Ich ganz frei auswirken durfte, rücksichtslos bis zur Selbstvernichtung, war mir einzige Religion. Kurz, gleich meiner ungereiften Philosophie kannte auch mein alpines Wollen und Tun keine ethische Schranke. Aber von dem prahlerischen Sportgeiste der heutigen Kletterjugend verspürte ich kaum einen Hauch, schon deshalb, weil all mein Geleistetes mir ärmlich und nichtig dünkte, gemessen an meinem titanischen Wollen. Jeder ewig Werdende wächst sogleich über sein Werk von gestern hinaus, es wird ihm fremd, und voll Scham sieht er nur die Mängel. Als ich binnen einer halben Woche Zinalrothorn und Weißhorn allein erstieg, so waren das damals Weltrekorde, mir aber galt beides nur als Training. Professor Kellerbauer wollte sich beide Male mir anschließen, doch lehnte ich ab, eben um mich möglichst streng zu schulen, und dadurch brachte ich ihn um diese schönen Turen. Dann unternahm ich als leitender Führer mit Lorria und Kellerbauer die äußerst schwierige Erstlingtur über die Westwand des Dürrenhorns (4035 Meter). Aber das däuchte mir noch nichts, ganz anderes plante ich in vermessenem Wahnsinn. Schon türmte ich im Geiste den Ossa auf den Pelion gleich den Titanen im Kampfe gegen die Griechengötter: ›Den Lyskamm wollte ich mit Lorria über die grausige Nordwand erstürmen mitten durch die herabhängenden Firnbrüche und durch die Wächte. Vom Monte Rosa sollte es hinuntergehen nach Macugnaga, also am heißen Nachmittag mitten durch die berüchtigten Stein- und Schneelawinen. Mr. Eckenstein aus London und ich berieten sehr ernst, vom Matterhorngletscher das Matterhorn über die Nordwand zu be-

zwingen. Und immer weiter ging das rasende Plänebauen. Matthias Zurbriggen, Eckensteins junger Führer, später weltberühmt, behandelte mich wie einen Besessenen, und ich war es auch: Das Dämonische durchflutete mein Wesen, ich selbst war ganz Dämon, mein Verstand und mein ethisches Gefühl war dagegen ohnmächtig (sieh Goethe, Dichtung und Wahrheit, Buch 20). Daß wir in diesem Sommer verunglücken mußten, das stand in den Sternen geschrieben; denn ›in deiner Brust sind deines Schicksals Sterne‹.
Und nun sollte im August die wahre Titansymphonie anfangen mit dem führerlosen Erklimmen des Matterhorns über seine riesige Westwand. Der schneidige Penhal hatte 1879 mit den Führern Imseng und Zurbrücken dort den Durchstieg erzwungen; ich fühlte mich ihm geistesverwandt, der später am Wetterhorn verunglückte wie Imseng am Monte Rosa. Warum keiner mehr seit vierzig Jahren bis heute diese Wand versucht hat? Unser Schicksal läßt es begreifen; dennoch glaube ich, daß bei ganz gutem Bergzustand und Wetter das Wagnis gelingen kann, man muß aber so eilen, daß man um Mittag schon hoch über der Hälfte der ganzen Wand steht. Der liebe, wunderbare Alexander Burgener warnte mich zwar treu vor den Steinlawinen der Westwand, statt ihrer sollten wir den festen, obwohl schwierigen Zmuttgrat packen; doch mein Ohr blieb taub, mein wildes Begehren strömte dahin ohne Stauwehr. Aber die hohen, dunklen Mächte hatten es anders gefügt, die harten, weisen, denen die Leidenschaften unserer Herzen, Menschenlos und Naturkräfte nichts sind als bunte Fäden, das erhabene Kunstwerk ihrer Ziele zu weben. August Lorria und ich nächtigten in der verwahrlosten Hütte auf dem Stockje, diesem todeinsamen Felseiland mitten zwischen drei großen Gletschern, die eben dort sich in die eine flache Eiszunge des Zmuttgletschers vereinigen. Längst ist diese Hütte verschwunden. Erdrückend schön wirkt der Blick nach dem Süden: Die düstere Riesenmauer des Matterhorns, die ohne Gesimse 2500 Meter und mehr zum verborgenen

Tiefenmattengletscher abstürzt, die rein weiße, edel geformte Dent d'Hérens und dazwischen die finstere Kehle des Col du Lion.

Nie habe ich in den Bergen so gewaltige Steinschläge gesehen und gehört wie damals am Matterhorn und überhaupt 1887 an den Zermatter Gipfeln. Die lange Sonnenbestrahlung hatte Hänge ausgeapert, die seit Jahrzehnten durch des Wassertropfens bohrende und sprengende Kraft vom Berge losgewittert, aber bisher stets vom Firn oder Eis gefesselt waren. Nunmehr wurden sie mit einemmale frei: Riesige Trümmer, ganze Felsbänke hatten wir vor wenigen Tagen am Hohberghorn in Pausen von zehn und fünf Minuten herunterkrachen sehen, und ebenso grollte es jetzt dort drüben am Matterhorn bis tief in die Nacht ohne Unterlaß und wälzte einen breiten Wall von Felsklötzen oben um den Tiefenmattenfirn. Unser eigentliches Verhängnis aber war ein Regen vor etwa fünf Tagen; seither waren die Wände mit glasigem Eis überzogen, das von der Sonne an dieser steilen Westflanke noch lange nicht aufgesogen war. Vielmehr entstand fortwährend neues Schmelzeis unter den zahlreichen Schneeflecken in der Wand. Nur mit dem besten Fernrohr hätten wir dies Unheil gewahren können.

Der Abend weidete seine Wölkchen langsam hinab, still sank der goldumsäumte Purpurmantel von den Schultern der Dent d'Hérens, allmählich verblutete drüben im Osten das Strahlhorn, bleigrau und drohend kroch die Nacht empor über die Eiswände, und um meine Seele ringelte sich die Ahnung eines Ungeheuren.

Nach Mitternacht legte der Frost den Lawinen endlich seine gleißend harten Fesseln an, die warnenden Stimmen der Berge verstummten; da schritten wir lange vor zwei Uhr in die schweigende Sternennacht hinaus. In unserer Brust pochte scheu das Fürchten und Hoffen all den verhüllten Stunden dieses schicksalschweren Tages entgegen.

Den steilen Felsbau nördlich von Penhalls Couloir kletterten

wir schräg hinan und fanden dort im Dunkel sehr schwierige Arbeit mit manchen Umwegen; doch hat uns das nur wenig aufgehalten. Feierlich traten wir noch vor fünf Uhr früh heran an das ungeheure Schneecouloir und starrten hinauf über die totenstille Riesenwand. Einer Sanduhr gleich öffnete sich nach oben wie nach unten je ein breiter Trichter, in der Mitte war die Schlucht zweimal eingeschnürt und dazwischen etwas ausgebaucht. Unten rissen zwei mächtige, parallele Bergschründe das Couloir vom Gletscher ab; doch sahen wir sie von oben nicht, standen wir ja schon bei dem unteren jener zwei Engpässe. Von Osten her, von dem flachen Teile des Zmuttgrates zogen einem Fächer gleich zahllose Lawinenfurchen hinab, die sich bei dem oberen Engpaß alle zu einem einzigen schaurig drohenden Riesenschlund vereinigten.
Kein Lüftchen regte sich, kein Steinchen schwirrte, finster drohend schwieg der königliche Berg, als ich mit vielen Axtschlägen mich hinabwand in die hartglasige Eisrinne. Nicht sofort wollte ich jenseits wieder empor aus dem Todesschlund, weil da völlig glatte Steilfelsen das Couloir südlich begrenzten, sondern ich hieb etwa fünfzig Stufen in der Rinne aufwärts. Nie noch habe ich einen so tiefgerissenen Lawinengang gesehen: Auch mit hoch erhobener Hand konnte ich seinen Rand nicht erreichen. Dann betraten wir die Westwand, und jetzt öffnete das Verhängnis seinen blutigen Rachen: In steilen Platten baute sich der dunkle Fels empor, fast ohne Gesimse und Absätze, oft nur mit schwach gerauhter Oberfläche. Darauf aber lag die dünne Eisverglasung, die gefürchtete – anfangs noch seltener, mit jedem Meterhundert nach oben zusammenhängender. Ich ging ohne Schuhe und schlängelte mich so zwischen den Eisschichten manche Stunde hindurch; aber Lorria mußte immer warten, bis ich ihn mit Seilhilfe nachholen konnte. Kamen Schneestreifen, so ging ich die Stufenarbeit, um nicht Zeit zu verlieren, barfuß an und litt kaum von der Kälte. Besonders schlimm war es unterhalb solcher Schneeinseln: Dort lagen dicke Eismuscheln, hier hing es

wie ein gefrorener Wasserfall herab, und hieb man stark hinein, so sprangen unregelmäßige Schollen los, deren Rand keine rechten Tritte bot. Auch mit Steigeisen gewannen wir nicht viel; auf der dünnen Klasur griffen sie nicht ein, weil darunter glatter Fels lag.

So kämpften wir mehr als sieben Stunden, und es kam schlechter und schlechter; erst um elf Uhr trat die Sonne in diese furchtbar steile Westwand ein, und vor Mittag flog nur hie und da ein Steinchen über unsere Köpfe: die Vorhut des wilden Heeres. Um dreizehn Uhr standen wir erst etwa in gleicher Höhe mit den Zacken des Zmuttgrates, und weil der Fels nach oben mit jeder Stunde ärger vereist war, so erkannten wir klar, daß wir weder heute noch morgen durchkommen würden, sondern erst nach einer Woche gründlichen Ausaperns. Also Umkehr! Schweren Herzens, denn nur zu bald mußte in Penhalls Wand das ganze Inferno losgelassen sein. Hätten wir die Matterhornkunde der späteren Alpinisten besessen, so hätten wir jetzt versucht, statt rechts in der Gipfellinie anzusteigen, nach links zum Nordgrat hinüberzuklimmen. Dort oben gibt es guten Fels und ein sicheres Biwak. Und wären wir tags darauf noch frischkräftig genug gewesen, so hätten wir unser Horn über diesen Grat erreicht, der ja heut allwöchentlich von Leuten mäßigen Könnens bezwungen wird. 1887 aber war dieser Grat Mummerys genau so rätselhaft wie unsere Penhallwand. Trotzdem glaube ich, diese Flucht nach oben hätte uns damals gerettet; denn nach unten hin, im Couloir, fanden wir die Falle später schon zu. Gerade dies arge Erlebnis bewog mich 1895, am Mörchner meiner Gefährtin lieber das härteste Ungemach zuzumuten, als durch die Lawinenzüge zurückzusteigen.

Mit finsteren Brauen und kochenden Herzens kehrte ich um. In zähem Kampfe wanden wir uns vorsichtig die schaurig steilen Hänge hinunter. Da löste endlich die heiße Südwestsonne alle Bande der Hölle, klirrend zerbrachen die eisigen Fesseln; und nun begann ein Toben, wie es markerschüttern-

der nicht auszudenken. Schwarze Klumpen, groß wie Eisenbahnwagen, rissen sich irgendwo hoch droben los, polterten, sprangen in Hundertmetersätzen, flogen auf Vorsprünge, zerbarsten in Scherben, die nun in unberechenbarem Streukegel durch die Lüfte sausten. Dazwischen kreischten schwirrend Tausende von kleinen Teufelchen, heulten die mittelgroßen. Und immer wieder das scheußliche Viperngezisch, wenn die weißen Schneeschlangen durch die große Rinne hinunterjagten. Immer spähte der eine von uns nach oben, indes der andere kletterte, und beim Warnschrei preßten wir unsere bebenden Leiber hart an den Fels, aber dessen Schutz war fraglich an diesen Platten.
Nach sechzehn Uhr standen wir wieder neben der grausigen Hauptrinne, und ich zog die Schuhe an. Alle fünf Minuten und öfter kam ein Zug des Verderbens vorübergebraust; denn jeder fallende Stein und jeder abgleitende Schneekloß im Banne des Riesentrichters mußte unfehlbar hinein in diese eine hohle Gasse.
›Biwakieren wir in der Wand!‹ sagte der bleiche Gefährte, ›freilich wird's eine schauderhafte Nacht.‹ Bänder zum Liegen gab es da nirgends, wir hätten angeseilt stehen müssen von sechzehn bis vier, kaum geschützt vor Steinfall. Mich packte wilder Trotz: ›Nach einer gelungenen Tur meinetwegen, aber nimmer biwakiere ich auf einer gescheiterten!‹ Er kam mit Verstandesgründen, aber ich war der Stärkere, ich war die Leidenschaft, ich war der zornige Hohn, ich war das Machtwort, ich war der Dämon. Ich? nein: Es, das mein Herr ist. Und er fügte sich zu seinem Verderben.
Vorerst gingen wir in tieferweichtem Schnee links, südlich neben der Rinne hinunter, und zwar mußte er, damit wir rascher weiter kamen, fast unvorsichtig abwärtslaufen, indes ich mit dem gebeugten rechten Beine tief im Firn wurzelte und über den schräg gelegten linken Schenkel das straff gehaltene Seil abrollen ließ. Dann glitt ich in ballendem Schnee so rasch als möglich nach, ich fühlte mich der Abfahrkunst Herr. Wohl

hageltẹn immer noch die Steine über unsere Köpfe, aber seltener und nicht so große wie dort oben weiter südlich in Penhalls Wand. Ach, wären wir doch da drüben jenseits der Rinne! Nur wenige Meter Luftlinie trennten uns von dem Strande des Heiles. Immer aber, wenn wir den bösen Gang in das Lawinenriß wagen wollten, knatterte eine neue schwarzweiße Salve von Schnee und Steinen durch den Todesschlund herab. Da blickte ich hinüber nach Südwesten und sagte: ›Jetzt haben wir noch die halbe Höhe des Col du Lion.‹ Wahnwitzig hoffte ich im stillen, daß wir so immer südlich neben der Lawinenfurche bis zum Tiefenmattengletscher kommen würden; ich konnte nicht sehen, daß wir dort in dem unteren Trichter hunderte kleiner Steinfallrinnen hätten überqueren müssen, deren einer wir sicher zum Opfer gefallen wären.
Die Katastrophe kam unscheinbar, nicht dramatisch. Eben standen wir in seichter Nebenfurche. Wir hatten es längst als nutzlos und zeitraubend aufgegeben, uns nach Steinfällen umzublicken, und vertrauten uns einfach der Gnade des Fatums an. Plötzlich sah ich doch nach oben: Da schoß eine ganz kleine Lawine auf mich herunter, vielleicht eine jener Schneewellen, die ich im Abfahren mitgeschoben und sogleich gestaut hatte, Lorria zuliebe. Einen Augenblick früher, und ich hätte den Pickelstock tief in den Schnee gerammt und mit meiner Brust das Ganze gehemmt. So aber schob die tückische Feindin leicht allen triefend nassen Firn unter meinen Füßen hinab; schon fallend, hieb ich die Pickelhaue ein, doch wie durch Butter schnitt sie haltlos durch; und die nun vergrößerte Lawine, auf der ich lag, jagte gegen Lorria, der sogleich hinausflog in den gefürchteten Steilschlund.
Auf zweihundert Meter hat später der Kartograph Imfeld die Sturzhöhe geschätzt. Ich habe den grausen Flug mit klaren Sinnen getan und kann euch künden, Freunde: Es ist ein schöner Tod. ›Pätus, es schmerzt nicht!‹ Ein Nadelstich schmerzt mehr als der Absturz. Auch nichts von Todesangst und See-

lennot. Nur anfangs. Sobald aber die letzten Rettungsgriffe umsonst getan waren, da kam über mich die große Ergebung. Der da hindurchgepreßt wurde durch die enge Rinne, der da auf den weichen Körper des Gefährten geschleudert, dann durch den Zug des Seiles wieder rasend hinausgerissen wurde in die freie Luft, es war ein Fremder, ein gleichgültig Stück Holz, und mein Ich schwebte über dem ganzen Geschehen als ruhevoller, neugieriger Zuschauer wie im Zirkus. Lästig war nur eines, die Sonne genau gegenüber – es war etwa 17 Uhr 30 Minuten –, die mich durch eine Wirbelwolke von Schnee hindurch blendete, so daß ich die Augen schloß. Und dabei jagte eine Sturzflut von Vorstellungen und Gedanken durch mein Hirn: Viele Erinnerungen an meine Kindheit, meine Heimat, meine Mutter, die elastisch abprallenden Kugeln auf dem Billard. ›Aha‹, fällt mir ein, ›nun wird Professor Schulz triumphierend schreiben: Ja, so geht's!‹ (Er wollte später wirklich, wurde aber gehindert.) Hunderte von Seiten müßte ich füllen mit dieser Bilder- und Ideenmasse. Und währenddessen zugleich immer das ruhig sachliche Berechnen, daß wir noch so und so viel Höhe zu durchmessen haben, um dann sicher tot unten liegen zu bleiben. Ohne Schrei, ohne Aufregung, ohne Trauer, ganz erlöst von der Kette des Ichs!
Jahre verrannen bei dem Sturze, Jahrhunderte.
Da wurde das wasserfallgleiche Brausen der Lawine leiser, sie zischte aus, ich öffnete die Augen, und grenzenloses Staunen kam über mich, keine Freude, kein Dank, keine Reue. Nun aber war die schöne Passivität, das süße Nirvana zu Ende, und alsbald spannte mich das Leben von neuem in sein Joch: Sorgen, Planen, Handeln, die wohlbekannte böse Drei.
Ich saß auf der Spitze eines hohen Kegels von Schneeklumpen und Steinklötzen – einsam in diesem furchtbaren Kessel der Einsamkeit, von meinem Leibe weg tauchte das Seil in den Schnee. Jetzt erst rüttelte mich das Fieber der Nerven, schnell riß ich am Seil und verfolgte seinen Verlauf, einigen Schnee stieß ich weg – da sah hervor ein grünes, blutiges Totenge-

sicht: Blut rann aus einer großen Beule über seinem Auge, rieselte aus seinem Munde. Da zwei Seilschlingen sich um seinen Hals schnürten, riß ich das Messer heraus und schnitt sie durch, statt sie zu lösen, schnitt auch seinen Rucksack ab, als brächte ihn das zum Leben. Dann rüttelte ich ihn und rief ihm Stammelworte zu. Er erwachte, begann aber sofort zu fluchen auf die verdammten Hunde von Führern, die ihn mit Gewalt in ein Wirtshaus schleppen wollten. Ich redete ihm flehend zu, richtete ihn auf, jedoch er schrie vor Schmerz und fiel um – beide Knöchel des linken Fußes waren mitten entzweigebrochen, wie sich später zeigte – und schlug geschlossenen Auges mit der Faust nach mir.
Aber unsere Lage war noch äußerst bedrohlich: Wir waren über die zwei Bergschründe geflogen und hatten unterwegs die Pickel, Hüte und Schneebrillen verloren. Nun saßen wir auf der Höhe eines ungeheuren Stein- und Lawinenhaufens, Vittorio Sella hat ihn zwei Tage später photographiert; mit ungeschwächter Wut sausten die Steine um und über uns. Ich blutete aus zahllosen Wunden der Hände, besonders sämtliche mittleren Fingerknöchel lagen bloß, und der Daumenballen war stark versehrt – offenbar hatten beide Fäuste den Pikkel möglichst lange krampfhaft festgehalten. Mein Nasenbein war gebrochen, am Kreuz hatte ich eine Schmerzstelle, und mein rechter Fuß war im Innenknöchel schwer beschädigt – ›geknickt‹, d.h. gesprungen, wie man viel später fand –, so daß ich von Minute zu Minute schlechter auftreten konnte. Aber hinunter mußten wir, so schnell es ging. Ich band das durchschnittene Seil wieder zusammen, und während ich selber sitzend und holpernd über die Lawine hinabglitt, zog ich ihn gewaltsam mit. Er schrie und krampfte die Hände um die Schneeklöße, dennoch zog und schleppte ich ihn weit hinaus auf den tischebenen Gletscher bis zu dem letzten großen Steinblock, auf dessen Fläche ich ihn möglichst bequem hinsetzte. Meine Kraft reichte nicht, ihn weiter zu tragen; so zog ich ihm meinen dicken Lodenrock über den seinen an, gab ihm

THE MATTERHORN FROM THE RIFFELBERG.

trockene Wollstrümpfe über die Hände und legte meinen Rucksack unter seine Füße. Sollte ich ihn festbinden? Ich unterließ das als grausam und nutzlos. Spalten gab es erst in weiter Ferne.
Es war etwa achtzehn Uhr abends, als eine sonderbare Art Vagabund halb springend über den Tiefenmattenfirn dahinhumpelte: Ohne Hut, Rock, Weste, ohne Schneebrille, Pickel, Rucksack mühte ich mich, möglichst schnell aus dieser erbarmenlos schönen Firnöde hinabzukommen. Ich ging ziemlich nahe der Dent d'Hérens, wo ich noch vor dem Sturze weniger Klüfte gesehen hatte. Dennoch gab es deren genug: Ich schnellte mich bei jeder Querspalte mit dem gesunden Fuß ab und warf mich drüben auf die wunden Hände. In der Stockjehütte erhoffte ich Menschen, da das Wetter so herrlich war. Darum schwang ich mein großes rotseidenes Taschentuch und stieß oft schrille Rufe aus: Schweigen! Nur droben in der italienischen Matterhorncapanna auf dem Breuilgrat hörte man dies und dann bei Nacht die Schreie des verlassenen Freundes, sah uns aber nicht und hätte auch nicht helfen können. Aufstiegtritte konnte mein rechter Fuß nimmer machen, so kroch ich zur Hütte hinauf, sie war leer. Ach, dort hatten wir wunderbare Schlafsäcke hinterlegt, aber ich konnte nicht mehr hinaufsteigen zu dem Armen. Zwanzig Uhr schon war es und das Tal und die Hilfe noch weit. Ich handelte durchaus zweckvoll und doch wie in Geistesnebel – so wie etwa deine Leber zweckmäßig reagiert oder die Ranke am wilden Wein.
Also ohne Rast hinunter die lange eisige Zunge des Zmuttgletschers! Bald weigerte sich mein wunder Fuß, zu gehen oder zu hinken. Da kam das raupengleiche Kriechen. Ich war so stumpf und matt, daß ich oft Wassertümpeln gar nicht auswich, sondern mich einfach hindurchzog. In den hohen Moränenhügeln zur Rechten verfehlte ich natürlich den Weg, der schon bei Tage schwer zu finden ist, und kroch nun manche Stunde auf und ab; statt auf die schmerzenden hautentblößten Hände stützte ich mich dabei auf die Ellenbogen. Einmal sank

ich zurück in Seelendämmer – oder Ohnmacht? Aber wieder riß mich ein dunkles Müssen empor, und ich schleppte mich fort nach Osten hin.

Endlich gegen Mitternacht auf einem sehr hohen Schuttkamm angelangt, ging es vor Müde nimmer weiter. Der hilflos Verlassene warf sich auf den Rücken und starrte mit blutrünstigem Antlitz zum grünen, sanften Deneb im Zenith und in die ambrosisch schöne, milde Nacht: Du grausam herrliches Matterhorn, vom flüssigen Silber des Mondes bist du umronnen, alles ringsum strahlt in bleichem Lichte, mir nur schattest du und raubst mir Weg und Schau! Und doch, du grausamer Berg, unser Besieger, du Stiefmutter Natur, du harter Gott, ich liebe euch in all eurer gnadlosen Schöne, in eurer granitenen Gleichgültigkeit. Ich, der Unzerstörbare, bin euresgleichen. Auf Gethsemane hat einst Einer in seinem blutigen Schweiße gerufen: ›Nicht mein Wille, sondern dein Wille geschehe!‹ Ein hohes Wort, aber heute nicht ganz das meine: Wohl neige ich mich in Ehrfurcht vor dem Richterspruche des Waltenden, der uns vom Matterhorn geschleudert, aber weder dieser mein Glaube noch der Nazarener noch die Lehren der großen indischen Rishis werden mir je das Schwert der Tat aus den Händen schlagen. Denn zum Weltenplan gehört auch mein Wille. Ich bin nicht ein überflüssiger Schachstein, der aus dem Brette geworfen wird, sondern heute habe ich Pflicht und Willen, mich selber zu retten und den Gefährten droben in seinem eisigen Bett. Und mein Wille geschehe! Ich raffe mich auf und werde es tun im Kampfe gegen deine Naturkräfte und gegen meine Leibes- und Seelenschwäche.

Etwa um ein Uhr nachts schob ich mich halb sitzend, halb liegend über die steileren Wiesen zur Staffelalpe hinab. Volle vierundzwanzig Stunden war ich an diesem inhaltschweren 3. August in harter Fron gestanden ohne nennenswerte Rasten; denn erst gegen halb zwei Uhr morgens schlug meine Faust an das kleine Chalet. Da die Älpler der Staffelalp natürlich weder bereit noch fähig waren zu einer nächtlichen Gletscherfahrt, so flog die Botin mit meinem Notbrief an Seiler hinab nach Zermatt. Ich aber sank, halbbekleidet und wund, wie ich war, auf die Dielen neben ihrem Bett und schlief einen dumpfen Schlaf.

Schon um halb sechs kamen sie herauf, all die Wackeren, der junge Seiler, unser Londoner Freund Eckenstein, der weltberühmte bairische Führer Rederbacher, zwei Gentinetta, Blumenthal und Kalbermatten. Auf flüchtigem Bleistiftbilde bezeichnete ich Eckenstein den Punkt, ein Verfehlen war unmöglich. Man schnitt mir den Schuh auf und brachte mich später auf einer Sänfte zu Tal. Um acht Uhr früh fanden die rasend schnell Emporsteigenden Lorria, im Delirium hatte er sich fast entkleidet und in den Schnee gerollt. Dennoch überstand seine Natur das vierzehnstündige Biwak und die Gehirnerschütterung. Nur blieb sein Fuß verkrüppelt.

So war es – und nun werfet den ersten Stein auf mich!«

Sicher hätte ein Hitler Freude an diesem Mann und seiner Ideologie gehabt. Mir allerdings geht es bei der Aufnahme dieses Berichts nicht um Lammers Todesbereitschaft – »ich bin bereit, mein Leben hinzuwerfen wie einen zerbrochenen Bergstock« –, sondern um eines der ersten Absturzerlebnisse aus der alpinen Literatur.

# Der Absturz als Erlebnis - Klaus Mohrmanns zweites Ich

Die nun folgende Studie, in einigen Punkten gekürzt, bietet sehr aufschlußreiche Einblicke. Im Gegensatz zu Lammers Todessehnsucht geht Klaus Mohrmann mit sachlichem Verstand an Absturzempfindungen heran.

»Der Bergsteiger, der mit seiner ganzen Person beim Klettern und Eisgehen dem Berg verhaftet ist, kennt die Gefahr und muß mit dem Unfall rechnen; Unfallsbereitschaft ist in irgendeinem Grade – meist unbewußt – vorhanden. Deshalb wird sich der Bergsteiger mit seinem Absturz ganz anders auseinanderzusetzen haben als ein Mensch, dem ein Unfall ›passiert‹. Der Absturz dürfte ganz andere Erlebnistiefen, ganz andere Schichten seines seelischen Seins aufreißen und in Bewegung bringen als ein gewöhnlicher Straßenunfall. Dieser Gedanke ließ es mir nun als eine besonders reizvolle Aufgabe erscheinen, den Absturz als Erlebnis, seine seelische Verlaufsrichtung zu untersuchen, nach Möglichkeit einzelne Phasen des Geschehens herauszuschälen und dieses in seiner Bedeutung für den Bergsteiger zu erfassen.
Aus einer Umfrage in den ›Mitteilungen‹ des D. u. Ö. A.-V. [Deutschen und Österreichischen Alpenvereins] 1932, Nr. 2, mit der Frage: ›Sind Sie selbst einmal verunglückt oder haben Sie einen alpinen Unfall mit angesehen? Was erlebten Sie dabei, und vermochte dieses Erlebnis Ihnen das Bergsteigen zu verleiden?‹ habe ich aus der großen Zahl der Antworten 23 herausgegriffen, die mit ihrer Nummer angegeben werden, soweit ich sie hier zitiere. Ferner stützen sich meine Untersuchungen auf Berichte im alpinen Schrifttum.«

Klaus Mohrmann ist selbst abgestürzt:

»Mein Absturz geschah in der Westflanke des Großen Seehorns. Wir kamen auf blankes Eis. Eine Stufe brach aus, ich stürzte. Anfangs keine Gedanken, kein Schrecken. Ich hoffte, daß mein Gefährte H. mich würde halten können und versuchte nur durch Aufdrücken der Pickelschaufel die Fahrt zu bremsen. H. wurde aber durch meinen Schwung aus dem Stand gerissen. Jetzt wußte ich: es wird ernst! Ich handelte vollkommen zweckmäßig und versuchte, den Pickel mit der Haue ins Eis zu schlagen. Endlich, nach wiederholten Malen, faßte er und ich bekam Halt. In demselben Moment sah ich links von mir meinen Gefährten vorübersausen. Seine Lage konnte ich jedoch nicht erkennen. Ich war vollkommen ruhig. Eine Hand gab ich vom Pickel fort, um das ablaufende Seil zu fassen. Mit der anderen hielt ich den Pickel im Eis fest. Ich fürchtete den scharfen Seilzug und wollte ihn durch die Federung des gebeugten Armes etwas abfangen. Meine ganze Konzentration richtete sich auf diese Tätigkeit. Auch war ich mir meiner Sache ganz sicher. Als sich aber das Seil straffte, wurde ich im selben Moment aus meinem Stand geschleudert. Der Pickel prellte mir aus der Hand, ich überschlug mich und sauste mit dem Kopf voraus ab. Gedacht habe ich nichts dabei, rein instinktiv warf ich mich auf den Bauch und versuchte, durch Vorstemmen der Hände die wahnwitzige Fahrt zu bremsen, was aber auf dem blanken Eis vergeblich war. Durch den starken Ruck, den ich erhalten hatte, war mein Tempo größer als das des Freundes, so daß ich ihn einholte. Wieder erfolgte eine instinktive Handlung: Ich stieß H. mit aller Kraft gegen seine Schultern und warf ihn aus seiner Bahn. Kaum war dies geschehen, als ich vor mir die Randkluft auftauchen sah. Vorher hatte ich überhaupt nicht ernstlich an sie gedacht, obwohl wir sie ja überschritten hatten. Vielmehr hoffte ich, daß wir auf dem flachen Teil des Gletschers sicher landen würden. Nun erkannte ich auch die Aussichtslosigkeit jeder Rettung, und in demselben Moment kam ein Gefühl der Erlösung über mich. Ich sah wie im Blitzlicht die gegenüberliegenden kleinen Seehörner, dann ein ganz farbiges Bild, von dem ich nur die Existenz, nicht aber seine Beschaffenheit in Erinnerung habe. Aber nicht ich war es, der das sah, fühlte und erlebte, sondern ein zweites Ich außer mir, das jetzt dem

A SNOW COULOIR.

dahinrasenden Körper von höherer Warte aus zuschaute. Dann kam der Aufschlag. Vom Moment der Erkenntnis des Endes bis zum Aufschlag dürften nach späterer Nachprüfung nur wenige Sekunden mit etwa 40 Meter Fallhöhe liegen, da die Spalte eher nicht gesehen werden konnte. Trotzdem erschienen sie mir wie eine Ewigkeit, die aber immerhin mit dem Inhalt des größten Glücksgefühles erfüllt war. Ich kam mir durchaus wesenlos vor. Den Aufschlag selbst empfand ich als ein plötzliches Halt, unangenehm deshalb, weil so gar kein Übergang da war, aber ohne jeden Schmerz. Ich sprach innerlich nur noch ein befreiendes ›Gott sei Dank!‹, dann fiel ich in Bewußtlosigkeit.
Wie lange ich bewußtlos war, weiß ich nicht. Der durchaus schwarze Vorhang machte plötzlich einem helleren Grau Platz. Dem folgte ein lichtes Blau, das ich erst nach einiger Zeit als das Blau des Himmels erkannte. Und ich wunderte mich darüber sehr, denn mir kam dunkel zu Bewußtsein, daß ich ja in einer Spalte läge. Also stimmt da etwas nicht! Da hörte ich wie aus weiter Ferne die Stimme meines Freundes, der mir zurief, daß er sich den Fuß gebrochen habe. Da erwachte ich vollends und mein erster Gedanke war: ›Das ist ja Blödsinn; wir wollen doch noch in den Bregenzer Wald!‹ Dies sprach ich laut und vernehmlich. Ich setzte mich etwas auf und plötzlich packte mich ein grausiger Lachzwang. Ich lachte, ganz krampfhaft erst, dann immer entspannter, wie nie vorher in meinem Leben. Dann war ich vollkommen ruhig, meinte, der Bruch sei eine Täuschung und wir müßten noch weiter. H. überzeugte mich vom Gegenteil. Langsam und schwerfällig erhob ich mich in die Knie, untersuchte den Fuß H.s und interessierte mich dann erst für die Situation, in der wir uns befanden. Wir waren nicht tief, etwa 4 Meter, in die Randkluft gefallen, und bei den günstigen Firnverhältnissen in ihr war ich schnell wieder heraus. Vollkommene Ruhe war in mir, nicht das geringste Entsetzen oder die kleinste Erregung. Und jetzt erst wurde ich gewahr, daß ich über und über blutig und

furchtbar zerschunden war. Ganz langsam nur begannen sich Schmerzen einzustellen. Das Gefühl der Zerschlagenheit kam erst einen Tag später ...

Greifen wir nun der Reihe nach die hervorstechendsten Momente heraus und versuchen wir, sie auch in anderem Material nachweisen zu können.

Die eben geschilderte Situation unterscheidet sich von Lammers Bericht insofern, als bei ihm die Todeserkenntnis sofort, bei mir erst nach einer gewissen Zeit, den gegebenen Umständen entsprechend, eintritt. Von diesem Zeitpunkt an aber finden wir weitgehende Übereinstimmung im Ablauf der Erlebnisse. Im äußeren Ablauf sind vier markante Punkte zu unterscheiden: der Beginn des Absturzes – das Versagen der Gegenwehr – der Aufschlag mit der meist darauffolgenden Bewußtlosigkeit – das Erwachen. Diese Punkte erweisen sich als die von außen gegebenen Einschnitte im Gesamterlebnis, sie gliedern es in Teilerlebnisse, die sich in den auf die gegebenen Punkte folgenden Zeiten abspielen.

Betrachten wir die erste Phase. Sie kommt bei Lammer in Fortfall, da er sofort das Wissen um den tödlichen Ausgang seines Absturzes (die Todeserkenntnis) hatte. Ich dagegen hatte anfangs überhaupt keine Gedanken, ich erschrak nicht und nahm die Sache gar nicht ernst. Dies letztere finden wir auch in anderen Protokollen wieder. So erzählt Nr. 127:

›Die Gedanken, die mir in Bruchteilen von Sekunden durch den Kopf gingen, waren etwa folgende: Donnerwetter, nicht aufgepaßt! – Na, wird schon nicht schlimm werden! ... Merkwürdigerweise hatte ich keinen Augenblick das Gefühl, es könne mir etwas passieren.‹

Auch Oskar Pfister schreibt von sich:

›Es kann gar nicht sein, daß du abstürzest, dein Sturz ist nicht ernst zu nehmen, du befindest dich in einer Täuschung.‹

Dieser optimistischen Einstellung folgt jedoch bald die wahre Erkenntnis der Situation (Gefahrerkenntnis). So fährt Nr. 127 fort:

›Verflucht, ich kann doch keinen Halt mehr fassen, ich stürze!‹

Oder Pfister:

›Doch, doch, du stürzest ab, du schwebst in größter Gefahr! Sieh dich vor!‹

Pfister spricht in diesen Fällen der anfänglichen Leugnung der Wirklichkeit von einer Derealisation in dem Sinne, daß der Stürzende es nicht wahrhaben will, daß er stürzt und sich in größter Lebensgefahr befindet. Ich möchte dagegen diese Tatsache einfach dadurch erklären, daß der Stürzende den Ernst der Lage noch nicht voll erkannt hat. Nun schildern aber andere dagegen, daß sie bei Sturzbeginn erschrocken seien. So erzählt Nr. 121:

›Das erstemal sah ich den Absturz kommen. Leichter Schreck, der aber im gleichen Moment auch schon wieder verflogen war. – Das zweitemal an einem Überhang . . . und versuchte höher zu steigen, als ein Griff ausbrach und ich mich um meine Fußachse zu drehen begann. Ein gewaltiger Schreck durchfuhr mich wie ein elektrischer Schlag, es ist fast so, als ob man einen tüchtigen Schlag auf die Wirbelsäule erhält, und eine Hitzewelle stieg mir zu Kopf.‹

Ähnliches berichtet Nr. 112:

›Brechen von Stützpunkten mit ehestem Erfangen. Plötzliche Siedehitze, aber – kein Schrecken!‹

Wir können demnach zwei Hauptgruppen unterscheiden: Solche, bei denen der Sturzbeginn einen Schrecken auslöste, und solche, die keinen empfanden. Haben wir es hier mit individuellen Verschiedenheiten zu tun oder liegt diese verschiedene Erlebnisweise begründet in der Verschiedenheit der Situation? Die psychoanalytische Theorie sagt, daß ›bei gelindem oder starkem, aber nicht größtmöglichem Schreckanlaß der Mensch wie gelähmt zusammenfährt und in Sprachlosigkeit fällt, während auf die Erkenntnis der hereingebrochenen Todesgefahr sofort eine ungeheure Steigerung der Gedankenproduktion folgt‹, die vor allem dem Zweck dient, den

Menschen vor den Auswirkungen eines lähmenden Schrekkens zu bewahren.
Es ist in der Tat wenig begründet, in der Empfindung eines Schreckens eine nur individuelle Eigentümlichkeit des Abstürzenden zu sehen. Vielmehr glaube ich, daß das Eintreten des Schreckens weitgehendst abhängig ist von der Unfallsbereitschaft, von der Erwartung und Einstellung auf einen möglichen Absturz. Deshalb wird keinen oder nur geringen Schreck empfinden, wer eine schwierige Kletterstelle mit dem Bewußtsein angeht, daß hier ein Sturz möglich, vieleicht sogar wahrscheinlich ist. Die Unfallsbereitschaft ist hier größer als beim Kletterer im leichten Fels, dem unerwartet ein Griff ausbricht, oder beim harmlosen Gletscherwanderer, unter dessen Füßen sich plötzlich die Tiefe auftut. Lammer ging zwar in vollem Bewußtsein der Einbruchsmöglichkeit über jenen Gletscher, jedes Einsinken kam ihm aber unerwartet, und so schreibt er an einer anderen Stelle:
›Jedes Einsinken in den erweichten Firn traf mich immer wie ein elektrischer Schlag bis ins Mark.‹
Dieses Beispiel zeigt nur, daß eine ganze Reihe komplizierter Umstände (z. B. überstarke Ermüdung) eine Rolle spielen, die ich hier unmöglich einzeln vorführen kann. Uns muß die knappeste Darstellung genügen, und wir können sagen: Schreck oder Nichtschreck sind im wesentlichen abhängig von der Beherrschung der augenblicklich gegebenen Situation, von der Einstellung auf einen möglichen Absturz und von der Plötzlichkeit, mit der der Unfall hereinbricht.
Wie wir sahen, wird nicht immer sogleich nach dem Sturzbeginn die volle Gefahr erkannt, dennoch versucht natürlich der Stürzende, den Sturz zum Halten zu bringen. Auf den ersten Eindruck, noch ehe dem Abstürzenden sein Stürzen bewußt wird, reagiert schon der Körper rein reflektorisch abwehrend. Dann erst tritt das Gehirn in Tätigkeit. Die Gedanken sind meist nüchtern, der Geist arbeitet sachlich und kühl erwägend.

Nr. 43:
›Dann kam mir ein Satz aus einem alpinen Lehrbuch in den Sinn: Unter allen Umständen ist darauf zu achten, daß der Kopf nicht nach unten gerät. Das gab mir die ruhige Überlegung.‹
Nr. 129:
›Ich falle! . . . Was mußte ich auch diesen wahnsinnig glatten Ausstieg versuchen! Jetzt hab' ich's! . . . Was werden die zu Hause sagen?‹
Zahllose Protokolle dieser Art ließen sich anführen. Lehrreich in ihnen ist das eine, wie groß der Wert vorheriger Überlegungen über das Verhalten bei verschiedenen Unfällen ist. Meist tritt bald nach dem Sturzbeginn die Gefahrerkenntis ein. Diese Erkenntnis ist nicht identisch mit jener, in welcher man sieht, daß alle Bemühungen zur Rettung fruchtlos sind. Ich nenne sie die Versagenserkenntnis. Diese wiederum ist nicht zu verwechseln mit der Todeserkenntnis, jenem Bewußtsein, daß dieser Sturz unweigerlich mit dem Tod endet. Auf das Erkennen der Gefahr setzt augenblicklich intensive Gedankenarbeit ein auf Abwehr der Gefahr, während das Todeserkennen die vollkommene Aufgabe des Ichs und die Derealisation im Gefolge hat.
Auch bei mir kam erst, nachdem die Sicherung durch meinen Kameraden illusorisch geworden war, die volle Erkenntnis der Gefahr. Alle Energie wurde nun darauf verwandt, den Sturz zum Halten zu bringen. Da kam der Augenblick, in welchem ich erkannte, daß alle Bemühungen fruchtlos seien. Sofort überkam mich ein Gefühl der Erlösung. Versagenerkenntnis und Todeserkenntnis fielen zeitlich zusammen. So auch bei den folgenden.
Nr. 36:
›Kein Angstgefühl, vollkommenes Bewußtsein. Daß ich mit dem Leben abgeschlossen und was meine Mutter dazu sagen wird, waren die Gedanken bis zum Auffall und der Seilstraffung.‹

Nr. 214:
›Gefühl der Erlösung beim Sturz und dabei die Reue, jetzt totzufallen und doch so viel gelernt zu haben.‹
Ob diese Todeserkenntnis sofort zu Beginn des Sturzes eintritt, hängt allein von den äußeren Umständen ab. Lammer wird sofort von der Erkenntnis gepackt, eindeutig drängt sie sich ihm auf. Wenn auch das Gedanken- und später dann das Affektleben beim Absturz vorherrschen, so sind die Sinnesempfindungen doch nicht völlig erloschen. So schildert Lammer, daß er die einzelnen Auf- und Anschläge spürt. Das gleiche berichtet Whymper.
Meist gelangen die Ereignisse im Bruchteile der letzten Sekunde vor dem Aufschlag nicht mehr ins Bewußtsein und werden später nicht mehr erinnert. Der Aufschlag wird wohl gefühlt, ein ›Halt‹ prägt sich noch im Bewußtsein ein, wenn nicht vorher schon durch die verschiedenen Aufschläge Bewußtlosigkeit eingetreten ist.
In diesen Protokollen kommen zwei Momente zum Ausdruck: Die Ichaufgabe, die Verzichtleistung auf ein Weiterbestehen als atmendes Wesen und die Derealisation, die Entwirklichung der Gegebenheiten. Die Ichaufgabe ist eindeutig bestimmt und klar herauszuschälen. Ihr bedeutendstes Merkmal ist die absolute Entspannung. Bis zu dem Augenblicke der Ichaufgabe ist der Körper in höchster Funktionsbereitschaft; im Unbewußten werden die ungeheuerlichsten Reize, die auf die Seele einstürmenden Eindrücke zurückgehalten im Interesse der Selbstbehauptung, damit kein Schock das zweckmäßige Handeln unmöglich macht. Nun aber brechen die aufgespeicherten Energien durch, um sofort ihrer realen Inhalte beraubt zu werden. Der Stürzende fällt in einen traumartigen Zustand. Dieser hat mit dem Schlaftraum wesentliche Merkmale gemeinsam: die völlige Ausschaltung des Willenslebens, des logischen und kritischen Denkens, ferner die Störung des Selbstbewußtseins in der Form der Ichverdoppelung, bzw. Ichspaltung (siehe unten), die Erhöhung des Vorstellungs-

und Affektlebens. Wodurch dieser Zustand letztlich möglich wird, kann ich nicht sagen. Fast möchte ich annehmen, daß die mit der Todeserkenntnis eintretende Funktionsruhe des Körpers die Grundbedingungen für diesen Traumzustand schafft. Mit dieser Entspanntheit bringe ich auch in Verbindung das Auftreten der scheinbaren Loslösung des Ichs vom Körper. Wir können eine Spaltung des seelischen Ichs vom körperlichen feststellen. Diese Ichspaltung trat in jenem Moment bei mir ein, als ich die Aussichtslosigkeit meiner Gegenwehr erkannte.

Das sogenannte Körpergefühl ist fast vollständig erloschen, wir stehen außerhalb unseres Körpers, fühlen uns wesenlos, frei aller Erdenbande. Es ist müßig, darüber zu streiten, ob dieser Zustand in der Wirklichkeit möglich ist oder ob wir es nur mit einer phantastischen Auswirkung der Derealisation zu tun haben. Genug, wir stellen diese Tatsache fest, daß in größter Todesgefahr dieses Erlebnis der Trennung von Körper und Seele auftreten kann. Damit haben wir die Erlebnisse der zweiten und dritten Absturzphase betrachtet. Es interessieren jetzt nur noch die ersten Geschehnisse während und nach dem Erwachen aus der Bewußtlosigkeit.

Eigenartig ist die Tatsache, daß sich die Entwirklichung der Gegebenheiten, die nach der Todeserkenntnis fast unser ganzes seelisches Sein erfüllte, nach dem Erwachen fortsetzt. Nur ganz, ganz langsam ringt sich die Klarheit durch. Diese Leugnung der Wirklichkeit ist nun aber keineswegs wie die scheinbare Leugnung gleich nach Sturzbeginn aus dem Nichterkennen der wahren Situation zu erklären. Ich bin überzeugt, daß es sich hier um ein Nichterkennenwollen im Sinne der Psychoanalyse handelt. Auch ich kann mich nicht da hineinfinden, daß mein Kamerad sich den Fuß gebrochen hat. Und seine gegenteiligen Versicherungen werden mit dem höchst unlogischen Argument entkräftet, daß ›wir doch noch weiter wollen‹.

Hat man seine Lage endlich voll erkannt, so sind die darauf

folgenden Handlungen durchaus zweckmäßig und ruhig, ja zeichnen sich oft durch die Entwicklung ungeheurer Kräfte aus. Ich mag nicht entscheiden, ob diese Auftriebskräfte, wie ich sie ganz allgemein bezeichnen möchte, Willensäußerungen sind, die durch ihre Intensität ungewöhnlich große Muskelleistungen ermöglichen, oder ob wir es hier mit dem reinen Selbsterhaltungstrieb zu tun haben, der sich unbewußt auswirkt.

Einige Stunden nach meinem Unfall mußte ich in dieselbe Eiswand einsteigen und tat dies mit großer Ruhe und Sicherheit, aber auch mehr traumhaft, als daß ich mir der Wirklichkeit bewußt geworden wäre. Verständlicher wäre, wenn der Mensch nach dem bekannten Satz: Gebranntes Kind scheut das Feuer! nicht wieder eine Handlung vornehmen würde, die ihn eben erst zu Fall gebracht hat. Oft kommt es auch vor, daß der Abgestürzte nach glücklich beendetem Sturz erst von Schreck befallen wird, der ihn dann jeder Handlung unfähig macht. Dieser Schreck ist aber nur der Affektdurchbruch, der bis dahin unmöglich war. Anders ist es freilich, wenn der glücklich Gelandete danach die Gefahr erkennt, in der er geschwebt hat, sie gewissermaßen nacherlebt und daraufhin von Schrecken und Grausen befallen wird. Er befindet sich dann in der Rolle des Zuschauers (siehe unten).

Wie stark das Empfindungsleben gestört ist, bzw. vom Affektleben übertönt wird, zeigt sich darin, wie erst ganz langsam und viel später Schmerzen verspürt werden. In den meisten Fällen setzen Schmerzen erst in dem Augenblick ein, d.h. dringen ins Bewußtsein vor, wenn die erste größte Gefahr beseitigt, bzw. der Schrecken überwunden ist, wenn die auf den Organismus einstürmenden Reize der Außenwelt abreagiert worden sind. Eine Form dieser Ableitung, die auch den Sinn hat, restliche Spannungsenergien, die im Körper verblieben sind, zu vernichten, ist das Zwangslachen. Darüber schreibt auch Nr. 176:

›Nun passierte mir etwas ganz Sonderbares: Ich mußte plötz-

lich laut auflachen, lachen und immer wieder lachen. Das Lachen sprang auch auf meinen Begleiter über . . .‹
Mit derartigen Reaktionen versucht der Organismus die inneren Verkrampfungen zu lösen. Wir müssen uns nun fragen, wieso es möglich ist, daß ein Mensch trotz der negativen Erfahrungen, die er innerhalb einer Handlung gemacht hat, dennoch diese Handlung wieder aufnimmt. Ein Teil der verunglückten Bergsteiger hängt zwar das Bergsteigen auf einen Unfall hin an den Nagel. Aber es ist nur ein verschwindend kleiner Teil. Wenn ich meine statistische Erhebung über diesen Punkt heranziehe, so ergibt sich, daß nur 2,4 % jener Bergsteiger, die einen größeren oder kleineren Unfall mitgemacht haben, sich abschrecken ließen, weiter in die Berge zu ziehen. Von den übrigen 97,6 % geben allerdings 11 % zu, daß sie eine längere Zeit benötigten, um das Erlebnis ihres Unfalles innerlich zu bewältigen. Es zeigt sich nun aber, falls diese 11 % sämtlich nur einen sehr leichten Unfall hatten, so daß der Schluß naheliegt, daß dem leichten Unfall ein größerer traumatischer Wert zukommt als dem schweren, daß sein Erlebnis schwerer wiegt als das eines großen Unfalls. So widersinnig dieses klingt, so ist diese Behauptung aus den bisherigen Ergebnissen heraus nicht schwer verständlich. Ich muß vorausschicken, daß ich unter einem leichten, bzw. schweren Unfall oder Absturz nicht einen solchen verstehe, der leichte oder schwere Folgen nach sich zieht (z.B. Invalidität oder dgl.). Vielmehr beurteile ich die Schwere eines Absturzes durchwegs nach dem Maß der Wahrscheinlichkeit, daß dieser Unfall tödlich oder nicht tödlich ausgeht. Von diesem Bewußtwerden der Tödlichkeit des Absturzes hängt die Stärke der Schockwirkung ab, und zwar steht sie im umgekehrten Verhältnis zur Schwere des Absturzes. Je größer die Möglichkeit des tödlichen Ausganges, desto geringer ist der Grad der Nachwirkung auf unser psychisches System. Und dies ist entscheidend, denn die rein körperlichen Folgen (langes Krankenlager, große Schmerzen) fallen nicht ins Gewicht im Ver-

gleich zur Bedeutung des seelischen Schocks. Wir sahen, daß sich ein Absturz im Erleben in drei Phasen abspielt. Die erste, die in der Zeit vom Sturzbeginn bis zum Moment der Gefahrerkenntnis abläuft und im speziellen Fall zeitlich gleich Null sein kann; die zweite, die die Erlebnisse von der Gefahrerkenntnis bis zur Versagenserkenntnis beinhaltet, und die dritte, die die Zeit von der Todeserkenntnis bis zum Eintritt der Bewußtlosigkeit umfaßt. Dabei haben wir entsprechend unserem Material stillschweigend den Fall gesetzt, daß das Moment der Versagenserkenntnis mit dem der Todeserkenntnis zeitlich praktisch zusammenfällt. Dieses ist aber nun keineswegs immer der Fall. Die Todeserkenntnis hat, wie wir sahen, die sofortige Ichaufgabe mit der Ausschaltung der höchsten seelischen Funktionen des Willens- und Denklebens, wie die Derealisation im Gefolge. Der Abstürzende erlebt also nichts mehr realiter. Und wenn er dann aus seiner Bewußtlosigkeit erwacht, hat er ›geträumt‹, womit das durch die grausige Wirklichkeit gegebene Trauma nicht mehr voll zur Auswirkung gelangen kann. Anders der Stürzende, der diese Ichaufgabe nicht erlebt, weil ihm die Todeserkenntnis versagt ist. Er bleibt mit allen Sinnen fest in der Wirklichkeit verankert und ist gezwungen, alle auf ihn eindringenden Reize erlebnismäßig zu verarbeiten. Dabei werden diese Erlebnisse weniger traumatisch sein, wenn der Stürzende nie zur Versagenserkenntnis kommt. Denn bis dahin wird er ja von der intensivsten Gedankenarbeit erfüllt, die das Bewußtwerden der Grausigkeit der Lage und der damit verknüpften Affekte verhindert. Aber die Erlebnisse werden ihn seelisch zu zermalmen drohen, nachdem er weiß, daß er hilflos dem Schicksal preisgegeben ist. Ähnlich geht es jenem, der gezwungen ist, einen Unfall mit anzusehen. Er wird ihn in seiner ganzen Schrecklichkeit erleben, da es keine gütige Macht gibt, die ihn ›seiner Sinne‹ beraubt und von dem Erlebenmüssen befreit. Die Erinnerungsspuren aber graben sich tief in seinem Innern ein, und er benötigt lange Zeit zur Bewältigung des

Erlebten. Und ehe nicht eine innere Verarbeitung und völlige Erledigung stattgefunden hat – ein Verdrängen der Erlebnisse aus dem Bewußtsein hilft gar nicht! –, wird der Mensch auch nicht in der Lage sein, erneut selbständige Bergfahrten unternehmen zu können.«

Vor allem der letzte Teil in Mohrmanns Untersuchung bestärkt mich in der These, daß Bergsteigen eine Sucht sein kann.

# Sturz - ist der Tod abwendbar oder nicht?

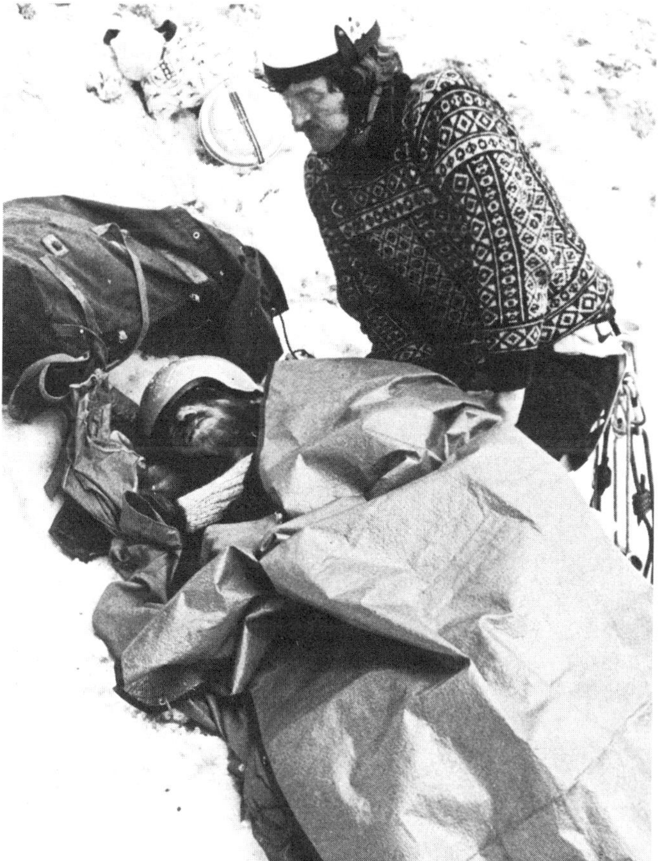

Ein grundlegender Unterschied beim Absturzerlebnis ist festzuhalten, je nachdem ob der Stürzende glaubt, der Tod ist abwendbar oder nicht. Es scheint auch ein Zusammenhang zu bestehen zwischen der psychischen Verfassung des Verunglückten und der Erlebnisintensität. So habe ich – ein scheinbar todbringender Sturz vorausgesetzt – mehrere von einem Sturz aus der totalen Sinnlosigkeit in eine Erleuchtung erzählen hören.

Da mir – wie schon erwähnt – in dieser Hinsicht jede eigene Erfahrung (bisher) fehlt, muß ich wieder auf Erfahrungen anderer Bergsteiger zurückgreifen.

Der Nervenarzt Dr. H. Haenel hat bereits 1920 eine Arbeit über das Erlebnis des Absturzes veröffentlicht, die sehr aufschlußreiche Gedanken enthält.

»Was geht im menschlichen Bewußtsein vor im Augenblicke unmittelbarer und plötzlicher Todesgefahr? Abgestürzte Kletterer, die mit dem Leben davongekommen sind, schildern in auffallender Übereinstimmung, wie während des Fallens eine Menge Einzelvorstellungen, ja ›ihr ganzes Leben‹ in raschester Folge vor ihrem inneren Blick vorbeizog, wie sie ihre Angehörigen in vertrauten Situationen vor sich sahen, ja ihre Stimmen zu hören glaubten, bedeutungsvolle Erlebnisse der Vergangenheit plötzlich wieder auftauchten, und daß dabei ein Angstgefühl, eine Furcht vor dem unmittelbar bevorstehenden katastrophalen Ende überraschenderweise ausblieb. Nun kamen aber im Kriege ebenfalls Abstürze vor in großer Zahl, nämlich die von Fliegern und Ballonbeobachtern, und diese berichten, ebenfalls in übereinstimmender Weise, anders über den Innenvorgang dabei. Sie bestätigen zwar, daß auch bei größter Fallgeschwindigkeit von einem Schwinden des Bewußtseins, einem Stocken des Atems oder einem Erstikkungsgefühle nicht die Rede ist: peinliche körperliche Empfindungen bleiben in diesem wie in jenem Falle aus. Der mit dem Fallschirm aus der Gondel abspringende Ballonbeobach-

ter hat einen großen Luftraum zu durchfallen, ehe mit der Entfaltung des Schirmes sich die Fallgeschwindigkeit mindert. Dabei verliert er aber weder die Besinnung, noch sieht er ungewollte Erinnerungsbilder auftauchen, sondern er verfolgt genau alle Vorgänge auf der Erde, trifft Vorbereitungen zum Landen, rückt unter Umständen den Traggurt bequemer, schiebt die Brille hoch, bewahrt also volle Kühle und Berechnung; ja manche Beobachter empfanden den Absprung, auch in den ersten Sekunden des Durchfallens, fast als einen angenehmen Reiz.
Der Absturz mit dem Flugzeug oder gar der Absprung mit dem Fallschirm unterscheiden sich vom Absturze von der Felswand durch einen wesentlichen Umstand: Bei diesem steht der Mensch der unmittelbaren Lebensgefahr in völliger Hilflosigkeit gegenüber; es gibt wohl keine Lage, wo jeder Gedanke der Abwendung des Schicksals aus eigener Kraft dermaßen aussichtslos ist wie bei einem Sturze ins Leere. Der Ertrinkende zappelt, ›greift nach einem Strohhalm‹, der Verbrennende sucht zu fliehen oder zu löschen, der Soldat im Granatfeuer duckt sich, der vom Raubtier Überfallene wehrt sich – alle verteidigen bis zum Äußersten ihr Leben. Auch wer abrutscht, abkollert auf Platten oder am Steilhang, ist, solange er noch Halt zu gewinnen sucht, innerlich anders eingestellt als der Stürzende; dieser weiß vom ersten Augenblicke an nur das eine: ›Jetzt ist's aus!‹ Jeder Gedanke, mit eigener Bemühung etwas zur Rettung tun zu können, muß verlöschen, noch ehe er aufblitzen konnte, und mit der reißend wachsenden Geschwindigkeit drängt sich ihm dies mit jedem Bruchteil jeder folgenden Sekunde mehr auf. Jede Willenshandlung ist von vornherein zur Erfolglosigkeit verurteilt. Dies erzeugt eine psychologische Lage, die praktisch einer Lähmung des Willens gleichkommt. Nun ist die Aufmerksamkeit eine Teilerscheinung des Willensvorganges: schwinden beide, so wird wie mit einem Ruck der Vorhang weggerissen, der über den verborgenen Bewußtseinsinhalten lag, wird das Tor ge-

sprengt, das diese bisher nur einzeln und in zweckmäßiger, wohlgeordneter Folge ans Tageslicht treten ließ. Die Masse der Erinnerungen, Bilder, Vorstellungen des Unterbewußtseins wogt ja im Alltagsdasein unübersehbar und ziellos wie ein wirrer Volkshaufen durcheinander; der Wille ist der Fabrikherr, die Aufmerksamkeit sein Torwächter, der aus der Masse der Drängenden immer nur die in die Gedankenwerkstatt zurückläßt, denen ein Platz im Getriebe der wachen Denkarbeit zugewiesen wird. Wir kennen ja Zustände, in denen der ordnende Einfluß der Aufmerksamkeit aufgehoben ist, ohne daß dabei das Bewußtsein völlig erloschen ist: aus ihnen entstehen die Träume, und auch die unendliche Fülle der Bilder und den ganz unwahrscheinlichen Reichtum verwikkelter Erlebnisse in der kürzesten Zeitspanne teilen diese mit dem Absturzerlebnisse. Die wenigsten Menschen wissen, wie kurz selbst unsere längsten und inhaltreichsten Träume in Wirklichkeit dauern: an der Uhr gemessen – es lassen sich in laboratoriumsmäßigen Versuchen Anfang und Ende eines Traumes zeitlich festlegen – zählen oft lange Traumgeschichten nur nach Sekunden, selten länger als Minuten; die Relativität des Zeitbegriffes kann an keinem anderen Beispiele so schlagend erwiesen werden. Nicht selten wird ja selbst der Weckreiz, der zum Aufwachen führt, noch mit in den Traum hinein verarbeitet: in der kurzen Zeitspanne, die zwischen dem Klappern eines zuschlagenden Fensters und dem dadurch bewirkten Erwachen verstreicht, kann dieser Knall noch mit allerhand traumhaften Bildern umkleidet und zu verwickelten Vorgängen umphantasiert werden. Auch aus der experimentellen Psychologie wissen wir, mit welcher Geschwindigkeit sich Träume und traumartige Assoziationen abspielen, und daß Sekunden dafür schon recht lang bemessene Zeiten bedeuten können.

Nun wird, wie wir sahen, beim Absturz von der Felswand flüchtig ein ähnlicher Seelenzustand erzeugt: dort ein allmähliches, hier ein plötzliches Abbrechen aller Willensvorgänge;

dort eine unwillkürliche, hier eine gewaltsam erzwungene völlige Pasivität. Es kommt nicht auf den physikalischen Vorgang, sondern auf die besondere seelische Verfassung des Fallenden an. Beim Absturz des Kletterers ins Leere lautet diese: Lebensgefahr, die ich mit keinem Mittel abwenden kann! Beim Gesicherten: Lebensgefahr, die ich mit allen Mitteln abwenden muß!
Werden beim Absturz im Fels durch das Erlöschen der Willensvorgänge die psychologischen Bedingungen zum Traumzustande mit seinen ungehemmten Assoziationen erfüllt, so erscheint es uns auch ganz folgerichtig, daß jene Berichte von einem plastischen Vor-sich-Sehen der Bilder, dem Hören von Stimmen, dem lebendigen Gegenwärtigwerden der Vergangenheit sprechen. Das ist ja das Merkmal und die sonderbare Eigentümlichkeit des Traumes, daß die Vorstellungen bei ihm die Eigenschaft von Halluzinationen, von sinnlichen Erlebnissen annehmen. Auch im alltäglichen Leben kann dieser Übergang ein ganz plötzlicher sein. Wer hat es nicht schon erlebt, daß er, übermüdet in einem Buche lesend, plötzlich erschrocken auffährt, weil er seinen Namen oder irgendwelche andere Worte hat rufen hören; er ist zwischen zwei Zeilen eingenickt und hat in diesem Viertelsekundenschlafe ein noch kürzeres Traumbruchstück geträumt. Der rasche Wechsel der Bewußtseinszustände spricht also nicht dagegen, den einen als Wach-, den andern als traumhaften Zustand anzusprechen. Andererseits haben Sinnestäuschungen und Halluzinationen nicht den Schlaf zur unbedingten Voraussetzung, wie ebenfalls alltägliche Beobachtungen und außerdem jede Irrenklinik beweisen: Beide Bewußtseinsvorgänge, Wachen und Träumen, schließen also einander nicht aus, sondern liegen andauernd nebeneinander bereit, decken sich zum Teil und gehen mit fließenden Grenzen ineinander über. Unterscheidend ist nur, ob die Willenstätigkeit vorhanden ist oder fehlt. Weshalb aber, fragen wir zuletzt, ist der ›Traum‹ des Abstürzenden, wenn wir ihn als solchen erkannt haben, nicht wie beim Schlä-

fer von allerhand wirrem Zeug, sondern von einer Bilderfolge aus seinem vergangenen Leben erfüllt? Weil er nur in bezug auf seine Willenslähmung dem Schlafenden, in allem übrigen aber doch dem Sterbenden gleichzusetzen ist. Ist jemand über seinen unabwendbaren Tod im klaren, so bilden wohl in jedem Falle und natürlicherweise den Inhalt seiner Gedanken die großen Marksteine seines Lebens: der Rückblick auf das, was er erlebt, genossen, geleistet, welche Menschen er geliebt, welche gehaßt usw. Was sich in den Sterbestunden im langsamen Nachsinnen und Rückwärtsspinnen der Gedanken, begleitet von allerhand Korrekturen und Affekten, Wünschen und Klagen, ausdrückt, wird im Absturz auf Sekunden zusammengepreßt und zugleich in die Form der Halluzination umgeschweißt. Ob einer langsam oder schnell dem hoffnungslosen Tode entgegengeht, der Inhalt und die Richtung seiner Gedanken werden in beiden Fällen die gleichen sein. Da im letzteren Falle alle die Begleiteffekte wegfallen, weil deren Entwicklung stets eine längere Zeit braucht als die der reinen Vorstellungen und Assoziationen, begreifen wir auch die sonst überraschende Angabe, daß der Sturz frei von Angst und Qual gewesen sei.«

Ein typisches Beispiel lieferte mir Charlotte Wolny:
»Am 19. 8. 1975 war ich, damals 61 Jahre alt und eine erfahrene Bergsteigerin, bei einer Übungskletterei an der Kampenwand im Chiemgau unterwegs. Es waren etwa 8 Meter über dem Erdboden, als der Abseilhaken herausbrach. Ich stürzte sofort ab, meine Füße hatten keinen Halt mehr, ich überschlug mich . . . Im Augenblick, wo ich den Halt verlor, war mir ganz klar, daß ich nun, nach so vielen Jahren des Bergsteigens, abstürzte und daß ich nun sterben würde. Angst hatte ich keine, ich fühlte noch, daß ich mich überschlug und wunderte mich sogar, daß dies nicht weh tat, es war sofort dunkel um mich. Ich dachte sogar daran, daß ich nun wohl meinen Mann wiedersehen würde, der genau 7 Monate zuvor gestor-

CHARLOTTE WOLNY.

ben war, und ich freute mich darauf. Dann weiß ich nur noch, daß ich in der Dunkelheit, die mich umgab, mein Herz schrecklich schmerzhaft schlagen fühlte, und ich glaubte sicher und wiederum ohne Angst, daß ich nun sterben würde, und wunderte mich, daß es so leicht sei, und freute mich, daß der Schmerz nun bald vorbei sei.«

Aus der Reihe von Sturzbeispielen, die zur Studie von Dr. Haenel eingegangen sind, habe ich einige ausgewählt und gebe sie hier gekürzt wieder. Vergeblich habe ich darunter allerdings nach Erlebnissen gesucht, in denen der Stürzende sein ganzes Leben vor sich ausgebreitet sieht. Dies jedoch kommt vor, wie ich aus zwei Erzählungen von Freunden weiß. Beide berichteten mir von ihrem Leben, das dreidimensional und sogar farbig vor ihnen auf einer einzigen Ebene ausgebreitet lag, ohne zeitliche Reihenfolge, ohne Wichtig und Unwichtig. Mit »einem Blick« hatten sie alles erfassen können, ohne nachdenken zu müssen.
Beide glaubten, unweigerlich zu Tode zu stürzen, und dies ist

anscheinend wesentlich für das Auslösen derartiger Empfindungen. Solange ein Stürzender an seine Rettung glaubt – bei der Seilsicherung ist dies meist der Fall –, ist er seelisch in einem ganz anderen Zustand als derjenige, der sich – unweigerlich, aber zu guter Letzt freiwillig – mit dem Sterben einverstanden erklärt.

»Ich stürzte am . . . VIII. 1906, vorm. 11 Uhr, in der Südwestwand des Cimone della Pala. Gleichzeitig mit der Beobachtung, daß es unmöglich war, über die vereisten Felsen hinwegzukommen, erkannte ich, daß ich den Rückzug nicht mehr durchführen konnte, da die Kraft meiner Beine und Fingerspitzen restlos verausgabt war. Ich rief zu meinem Begleiter hinab: ›B . . . ich falle.‹ Diese Worte kamen mir in so ruhigem Ton von den Lippen, daß mein Begleiter glaubte, ich wolle einen Scherz treiben, und mir erwiderte: ›Mach keine Späße!‹ Ich antwortete: ›Ja, ich falle.‹ Kaum hatte ich diese Worte gesprochen, ließ ich los, rutschte eine kleine Strecke über die Wand herab, überschlug mich dann mehrmals, fiel ein paarmal mit dem Rücken auf und blieb auf dem nicht meterbreiten Vorsprung liegen, auf dem mein Gefährte saß. Während des ganzen Sturzes ging mir die Klarheit des Geistes nicht verloren. Weder in den Augenblicken, wo ich, den unvermeidlichen Sturz vor Augen, mit meinem Begleiter das Gespräch führte, noch während des Sturzes selbst ist mir auch nur ein einziger Gedanke an schlimmen Ausgang, tödlichen Absturz, Angehörige, frühere Erlebnisse oder ähnliches in den Kopf gekommen. Im Gegenteil, ich glaube, daß dunkel das Gefühl in mir war, daß ich schon wieder zum Stillstand kommen werde, wiewohl zu dieser Annahme nicht der leiseste Grund war, vielmehr jeder, der die Stelle sieht, es für unbegreiflich halten wird, daß ich nicht ganz in die Tiefe gestürzt bin. Während des Sturzes selbst tat ich alles, ihn aufzuhalten. Ich versuchte, mich immer wieder anzuklammern, und tat alles, um an der Wand zu bleiben und nicht aus dieser hinauszufallen.

Angeseilt war ich nicht, hatte vielmehr das Seil nur mit einer losen Schlinge am Riemen des Rucksackes befestigt. Der starke Lederriemen war nach dem Unfall an der dicksten Stelle glatt abgerissen.« Josef Ittlinger

»Am Sonntag, den 20. VII. 1919 ging ich um 5 Uhr 15 Min. früh allein vom Stripsenjoch weg, um durch den Schaarschmidtkamin das Totenkirchl zu besteigen. Bei einer Traverse stürzte ich infolge Ausbrechens eines Griffes, an den ich mich mit einer Hand hing, während die andere nachgreifen wollte, 28 m ab und fiel in stehender Stellung auf die schräge Platte auf, mit der die gewöhnliche Traverse vom Klammerkamin her in den Nieberlkamin einmündet. Meiner Empfindungen und Gedanken beim Absturz kann ich mich sehr genau entsinnen, auch habe ich sie kurz nachher in mein Turenbuch notiert. – Ein Angstgefühl, eine Furcht vor dem Ende blieb durchaus aus und daß mir eine Menge Einzelvorstellungen durch den Kopf gingen; nämlich: Es ist doch schmählich, hier herunterzustürzen – wenn schon, dann so, daß du möglichst mit dem Kopf zuerst aufkommst – was werden deine Eltern denken – hätte ich lieber den Schaarschmidtkamin durchklettert – jetzt mußt du die ganze Strecke wieder aufsteigen, und aus der schönen Umgehung ist nichts geworden – wie lange mag ich eigentlich fliegen, da ich doch so viele Gedanken dabei habe – All diese Gedanken bezogen sich aber durchaus auf den gegenwärtigen Zustand, das ›ganze Leben‹ zog nicht an meinem inneren Blick vorbei.«

Dipl.-Ing. Günther Graetzer

»Vier Meter war ich geklettert, ich sah noch einen kleinen Riß vor mir, dann ist ein Stillstand in meinem Gedächtnis und in meinem Bewußtsein eingetreten . . .Oft habe ich mein Gehirn abgemartert, welche Ursache den Sturz verschuldete; zu abschließendem Resultate bin ich nicht gekommen. Allmählich hat sich bei mir die Ansicht durchgerungen, daß momentane

Abspannung der Nerven, plötzliche Unterbrechung der Gehirntätigkeit mir die Herrschaft über meinen Körper geraubt hatten. Diese Abspannung führe ich auf eine tiefe, seelische Verstimmung zurück, welche um so eher zur Katastrophe beitrug, als ja bekanntlich bei führerlosen schweren Turen der Geist mehr wie der Körper zu leisten hat.« P. H.

»Es war an der großen Abseilstelle vom Gipfel des Delagoturmes zum eingeklemmten Block zwischen Delago- und Stabelerturm (südl. Vajolettürme). Das neue, feuchte Seil war verwickelt und ich hatte sehr unvorsichtigen Kletterschluß genommen. Wesentlich ist, daß ich etwa 5 Minuten mitten in der Abseilstelle hing, den an meinen Füßen gebildeten Knäuel vergeblich zu lösen suchte, dabei allmählich die Kraft verlor und mit Bewußtsein vorausberechnen konnte, daß ich mit dem vollständigen Schwinden der Kraft unfehlbar samt dem ganzen Seil in die Tiefe des Purgametschkares fliegen mußte. Dieser Gedanke klammerte sich in wehrloser Selbstverständlichkeit in mir fest. Es gab keinen Ausweg. Ich fühlte die letzte Kraft förmlich aus meinen Armen rinnen. Rief noch dem andern zu: ›Jetzt fliege ich.‹ Biß noch im letzten Moment mit den Zähnen ins Seil und fiel dann rücklings mit dem Kopf voran. Nun weiß ich, daß ich die Tiefe vor mir sah und der einzige Gedanke in vollständiger Klarheit und ohne Verzerrung mich durchlief: Also da fliegst du hinunter – es ist also aus und erledigt. – Nichts weiter wie einen Punkt, den man ruhig einem Satz als Ende anfügt. Daß ich dann 8 m tiefer hängen blieb, ist einem gücklichen Zufall und der Geistesgegenwart meines Kameraden zuzuschreiben. Als ich mich plötzlich so fand, war ich fast erstaunt und schon aus einer gewissen Betäubung erwacht.« H. M.

»Vor etwa 10 Jahren hatte ich kurz hintereinander Gelegenheit, die beiden Arten des Absturzes kennen zu lernen, nämlich Sturz bei ›höchster Aktivität‹ und Sturz bei ›völliger Passivität‹.

Die Ereignisse liegen zwar schon viele Jahre zurück und der Krieg mit seinen vielen gewaltigen und tiefen Eindrücken dazwischen, doch kann ich mich heute noch an alle Einzelheiten erinnern, es waren eben die ersten tiefen Eindrücke.
Der Schnee war hart und fest, der Sturm hatte den Neuschnee weggefegt, so glaubten wir, die Königspitze anpacken zu dürfen. Die Schier ließen wir in der Nähe des Königsjoches zurück. In Kehren stiegen wir in der Rinne zur ›Schulter‹ hinauf. Bald änderte sich die Schneebeschaffenheit. Weicher Pulverschnee machte uns mehr und mehr zu schaffen. Wenige Schritte trennten uns noch von den Felsen der Schulter, da – ein Krach – und die gewaltigen Schneemassen des Gipfelhanges, durch unsere hin- und herführende Spur ihres Haltes beraubt, setzten sich auf uns zu in Bewegung. An ein Wegspringen war nicht zu denken, denn wir steckten bis zum Bauch im Schnee. Ein Herauswälzen wäre vielleicht noch möglich gewesen, doch, die eingerammten Pickel fest umklammert, glaubten wir in unserer damaligen Unerfahrenheit, den Schneemassen standhalten zu können. Alle Muskeln waren gespannt, der Atem keuchte, immer stärker wurde der Druck gegen die Brust, noch ein Augenblick, dann rissen uns drei die Massen rücklings in die Tiefe. Noch gaben wir die Hoffnung nicht auf. Oben bleiben, Pickel festhalten, über die Randkluft mit eingezogenen Beinen fliegen, Mund und Nase von Schnee freihalten, unten gleich heraus, um die Kameraden auszugraben, das waren die Gedanken, die mein Gehirn durchsausten, während wir Kopf oben – Kopf unten – Kopf oben – Kopf unten – 200 bis 300 m tief hinabfuhren. Zweimal wurde mir der Pickel aus der Hand gerissen, zweimal konnte ich ihn wieder erfassen, deutlich spürte ich den Flug über die Randkluft, nun wußte ich, nun hat die Fahrt bald ein Ende. Ein Ruck und plötzlich war die bisher lockere und wallende Masse fest und still. Den Kopf hoch und nach den Kameraden Umschau halten war eins. Da auch sie wohlbehalten, wenn auch übel zugerichtet waren, blieben wir noch etwas im Schnee liegen, um

uns von den ›Anstrengungen der Abfahrt‹ auszuruhen. Die Lawine hatte sich unten kegelförmig ausgebreitet, weshalb keiner von uns verschüttet war. Von Angstgefühl und Furcht merkte ich nichts, auch für Rückblicke aus dem Leben war keine Zeit, nur ›Rudern, um oben zu bleiben‹ und ›Pickel festhalten‹, das waren die einzigen Gedanken.
Ein Vierteljahr später im Kaiser: Eine schlimme Platte noch, dann sollte es leichter werden. Griffe fand ich keine, so wollte ich die Reibung zu Hilfe nehmen. Ein Druck mit dem nassen Kletterschuh gegen die Wand, ein Ruck – und über die Platten begann die sausende Fahrt, ein Aufprall und kopfüber ging's in freiem Sturz hinunter.
Blitzartig durchschossen die Gedanken mein Gehirn: nun geht's hinunter, war der erste; die Jugend, die Eltern und Geschwister spielten die Hauptrolle, neben kurzen Orientierungsgedanken, wie weit ich schon geflogen bin. Hilflos – um schneller vorwärts zu kommen, hatten wir das Seil nicht angelegt – und willenlos stürzte der Körper, selbst das Vorhalten der Hände, wodurch ich ohne Kopfverletzung blieb, geschah rein instinktmäßig.
Merkwürdigerweise blieb auch hier, obwohl die Todesgefahr noch größer war als beim ersten Sturz (nur durch Zufall blieb ich auf einem vorspringenden Felsen liegen), und obwohl die Willenskräfte ausgeschaltet waren, ein Angstgefühl vollständig aus.« W. G.

». . . Mein erster Absturz ereignete sich am 7. August 1906 etwa 6 Uhr 30 abends am Schalligrat des Walliser Weißhorns beim Queren des ›Roter Turm‹ genannten Gendarmen in etwa 4000 m Höhe.
Der eine Gefährte rief mir zu: ›Wie geht es, Erler?‹ Ich antwortete: ›Sehr schwer, alles furchtbar brüchig.‹ In diesem Augenblick brach ein kleiner Griff, der einzige, der diesen Namen allenfalls verdiente, aus, und bevor ich nur meine Lage begreifen, nach anderen Griffen suchen oder einen Schrei aus-

stoßen konnte, stürzte ich kopfüber in die Tiefe. Ich fiel ein großes Stück frei, auf etwa 4 m Entfernung an den entsetzten Gefährten vorbei, schlug dann mit dem Kopf auf, wobei ich die Besinnung verlor, überschlug mich im Weiterfall noch mehrmals und blieb dann im Seil hängen – eines war gerissen – nach etwa 50 m Sturzhöhe.
Und die Gefühle beim Sturz? Das Unglück trat so plötzlich ein und verlief so wahnwitzig schnell, daß ich keines klaren Gedankens mehr fähig war. Ich hatte beim Sturz weder Todesfurcht noch Angst, lediglich ein Gefühl der Verwunderung und das Bewußtsein des unaufhaltsamen Falles. Bei der Kopfverletzung ein kurzes Schmerzgefühl, dann nichts mehr. Langsam erwachendes Bewußtsein, Traumzustand. Ich sah meine jüngste Schwester vor mir und hatte das wohlige Gefühl angenehmer, lässiger Schläfrigkeit. Plötzlich hörte ich wie aus weiter, weiter Ferne, wie durch eine dicke Wand gedämpft, eine Stimme rufen: ›Erler, leben Sie noch?‹ Ich schlug die Augen auf und sah mich an einem kleinen Vorsprung hängen, das Gesicht der Wand zugekehrt. Trotzdem ich etwa eine Minute höchstens besinnungslos gewesen, schien mir eine lange Zeitspanne zwischen dem Absturz und dem Erwachen zu liegen.« Hauptmann Erler, Berlin

»Der Sturz erfolgte in jener Schneerinne, die in dem Winkel herabzieht, den Grubenkarnordpfeiler und Laliderwand bilden. Diese Rinne, bereits oben am Grate mit außerordentlicher Steilheit einsetzend, endigt scheinbar plötzlich ins Leere mündend, an den fast lotrechten, an dieser Stelle etwa 400-450 m hohen Steilwänden, mit denen die Laliderwand aus den Schutthalden aufwächst.
Um mit meinem Gefährten die Grubenkarspitze über den Nordpfeiler zu erreichen, hatten wir diesen fast in seiner ganzen Länge überschritten (24. August 1918). Kurz bevor der im letzten Teil horizontal verlaufende Pfeiler den Hauptkamm erreicht, führt ein Band hinüber zu jener dort weit

werdenden Schneerinne, die hier durch eine vom Grate herabziehende Geröllzunge in zwei Arme geteilt wird.
Ich bat meinen Begleiter, mich vom Bande aus zu sichern, bis ich die Geröllzunge erreicht hätte. Bei der Steilheit und glasigen Härte des Eises gelang es mir, nur kleine Stufen zu schlagen.
Kurz vor dem Erreichen des Gerölls sagte mir ein inneres Gefühl, wie ich mich noch deutlich entsinne, daß hinter mir etwas vorginge. Rückblickend sehe ich auch meinen Begleiter auf der Schneerinne das Gleichgewicht verlieren und sofort mit großer Geschwindigkeit abwärtsgleiten. Es gelingt mir nicht mehr, mit einigen Sprüngen die Geröllzunge zu erreichen. Das gespannte Seil reißt mich aus der kleinen Stufe und sofort beginnt eine wahnsinnige Fahrt. Ich stöhne nur noch: ›Was hast du denn gemacht?‹ Instinktiv umschlingen beide Hände schützend den Kopf. In der schwach gewundenen Rinne werden wir mehrmals an die Felsen geworfen. Mein Inneres gellt wider von der Wucht der Aufschläge und raubt mir den Atem. Keinen Augenblick verliere ich jedoch dabei das Bewußtsein. Wie war das möglich, wie konnte er das Eis betreten, ehe ich noch die Geröllzunge erreicht hatte? – Nun erfüllt sich, was die lieben Angehörigen immer vorausgesagt hatten. So dachte ich, ruhig und ohne Angstgefühl. Ich bin mir dabei der immer größer werdenden Geschwindigkeit bewußt. Wir müssen bereits eine beträchtliche Strecke zurückgelegt haben. Ich erwarte den Augenblick, wo ich ins Leere hinausgeschleudert werde. Noch ein Aufschlag und plötzlich fliege ich frei im Raume.
Vollständig klar sind dabei meine Gedanken. Ich überlege blitzschnell, daß wir am Ende der Schneerinne angelangt sein müssen, um nun über die Steilwände hinaus ins Bodenlose geschleudert zu werden. Jetzt – jeden Augenblick glaube ich auf den Sandreißen am Fuße der Laliderwände aufzuschlagen. Die Zeit des Fluges wird mir zur Ewigkeit. Alles an mir, meine Nerven sind gespannt zum Zerreißen, jeder Gedanke

ist auf diesen Augenblick eingestellt. Ein dumpfer Aufschlag, wie eine Erlösung geht es durch meine Glieder, dann schwindet das Bewußtsein.
Wie lange ich lag, weiß ich nicht. Die Stimme meines Begleiters, wie aus weiter Ferne kommend, erweckte mich: ›Eugen, lebst noch?‹ Das Drastische dieses Ausrufs brachte mich zum Lachen.
Unser Sturz hatte sein Ende in einem Geröllkessel dicht an den Steilabstürzen gefunden. Mit einer kleinen Wandstufe mündete die Rinne in den Kessel. Mein Begleiter, dessen Sturz durch einen Geröllfleck oberhalb des Kessels stark gebremst worden war, fiel nur über die Wandstufe. Ich selbst flog mit der ganzen ungeschwächten Wucht etwa 20 m frei in die Luft hinaus. Der plötzliche Ruck des ausgelaufenen Seiles warf mich mit dem Rücken aufs Geröll, zum Glück schob sich der Rucksack unter den Kopf. Der verhältnismäßig kurze, freie Flug hatte in mir also die Vorstellung erweckt, über die ganze Wand hinabzustürzen. Mein Gefährte hatte sich einen Ellenbogenbruch zugezogen, ich selbst kam mit allerdings recht bedeutenden Hautabschürfungen davon. Nach einem Biwak mußten wir am nächsten Morgen infolge der Glätte der Felsen und des Zustandes meines Gefährten, die einen Abstieg vereitelten, die steinfallbestrichene Rinne hinaufsteigen. Nach sechstündiger schwerer Arbeit standen wir wieder an der Absturzstelle und kurz danach am Grate. Ich schätzte daher die Absturzbahn auf etwa 300-350 m.
Keineswegs war jedoch dieses Erlebnis von Einfluß auf mein späteres Turenprogramm. Im Gegenteil, der Schauplatz jenes Absturzes zog mich seltsam an. Im Herbst 1919, gelegentlich einer Ersteigung der Grubenkarspitze über die Nordostwand, beging ich noch einmal den Nordpfeiler, diesmal im Abstieg.«

Eugen Ritter-Hildburghausen

Ein Freund von mir, den eine über ihm stürzende Gruppe am Olperer in den Zillertaler Alpen aus dem Stand in die Tiefe

LEONHARD JUTZ.

riß, bestätigte mir das Ausbleiben von »Sterbe-Erlebnissen«, solange eine Möglichkeit bestand, den Tod abzuwenden. Er versuchte zu bremsen, den Pickel einzurammen, verzweifelt – aber immer hoffend – glaubte er, den Sturz aufhalten zu können. Öfters kam er zum Stillstand, jedesmal rissen die Kameraden, die an seinem Seil hingen, ihn wieder mit. Unaufhaltsam ging die Fahrt bis auf den flach auslaufenden Lawinenkegel am Fuße des Berges. Keine Depersonalisierung aufgrund der lebensgefährlichen Situation, nur Angst – zuerst –, dann die intuitiv richtige Reaktion, den Tod abzuwenden.
Dasselbe gilt für die folgenden Erzählungsausschnitte: Kaum Angstgefühle, spontan richtige Reaktionen und, dies gilt vor allem für das letzte Beispiel, wiedergekaute Klischeevorstellungen.
»Mir schien dieser Sturz ein ganzes Leben lang zu dauern, ohne dabei überhaupt einen Gedanken zu haben. Noch in der Luft muß ich mich umgedreht haben, sozusagen direkt automatisch, ohne einen Gedanken zu haben, kam schön aufrecht mit dem Kopf nach oben zu hängen.« Leonhard Jutz

»Weiter. Eine 30 m hohe, fast senkrechte Platte weist den Weg höher hinan. In der untern Hälfte ist sie von einem Riss von unten nach oben durchzogen. Der Fels ist hier rötlich, brüchig. An diesem Hangelriss arbeite ich mich langsam empor, indem ich immer einen Arm einhänge, während die Füße kleine Haltepunkte benützen. Immer näher schiebt sich mein Körper dem Ende des kraftraubenden Risses. Bereits hänge ich 12 m senkrecht über meinem Bruder, welcher hinter einem kleinen Felsvorsprung sichert. Noch zwei – drei Züge und der kleine Standplatz in der Mitte der Platte wäre erreicht. Doch beim letzten Zug bricht die Kante des Risses unter meinem Arm weg. Ich fühle, daß ich falle – drehe mich instinktiv nach außen und stoße mit den Füßen ab. – Tief unter mir der Einstieg! Doch schon sause ich über meinen Bruder hinweg und rufe: ›Halte! Halte!!‹ Auf dem Schuttfleck springe ich hart auf und versuche mit aller Energie, Halt zu fassen, stürze weiter auf ein Bändchen, kralle meine Hände an einen Block. Doch durch die Wucht reißt mich mein Körper weiter und wieder stürze ich gesichtsauswärts der Tiefe zu. Einen Augenblick lang glaube ich, daß es möglich sei, in solchen gewaltigen Sprüngen die ganze steile Wand hinabzustürzen. Doch dann sehe ich im Geiste tief unten am Einstieg meinen zerschmetterten Körper, welcher von meinen Kameraden in einem Leichensack zu Tale geschleift wird, wie ich dies schon mehrmals mit Abgestürzten tun mußte. Dies alles steigerte noch meinen Willen, mich unter allen Umständen anzuklammern. Ich sehe zwei kleine Zacken, erwische diese mit beiden Händen, ein Ruck, und ich bleibe zwischen diesen Zacken hängen! Im ersten Augenblick glaube ich, selbst den Sturz aufgehalten zu haben; doch hänge ich zugleich im gestrafften Seil. Hoch über mir höre ich meinen Namen rufen. ›Es ist gut‹, gebe ich zurück, ›laßt mich tiefer!‹ Schweiß tropft von meiner Stirn.« W. M.

Dieses Ausleibigkeitserlebnis, von den Amerikanern »out-of-body«-Erfahrung genannt, ist ein seltenes, aber tiefgreifendes Gefühl beim Absturz.

»Ich sah nicht den Film meines Lebens vor meinem Auge abrollen, wie der eine oder andere in gleicher Situation, ich dachte an gar nichts, aber mir war, als berührte meine Schulter eine eiskalte Hand, mir wurde es heiß.« H.-J./D. S.

Es scheint, daß Schmerz- und Angstfreiheit fast immer den Absturz begleiten, ist der Tod nun abwendbar oder nicht. Ist die Todesgefahr nicht mehr abwendbar, kann der Stürzende zu seinem »eigenen Beobachter werden«, »hinter sich herstürzen«, aus sich austreten. Nicht mehr Abfangreaktionen beherrschen ihn, er ist gelassen, zuletzt ohne Zeit- und Raumgefühl.
»Als das Seil gerissen war,« erzählte mir B. R., »tat ich nichts mehr, um meinen Sturz aufzuhalten. Angst hatte ich jetzt so wenig wie vorher, nur füllte mich eine breite Gelassenheit. Ich sah mich aus der Höhe der Wolken einem steilen Schneefeld entgegenfallen.«
Zum Schluß dieses Kapitels über den Absturz bringe ich auszugsweise eine Abhandlung von Fritz Schmitt, der neben seinem eigenen Erlebnis auch die anderer Bergsteiger zusammengetragen hat. Nicht uninteressant sein letztes Beispiel: nicht der Sturz, sondern der Verzicht auf die Fortsetzung der Bergtour ist hier der Kernpunkt allen Denkens. Ist diese Haltung typisch für den modernen extremen Bergsteiger?

»Zollweise kämpfte ich mich an überhangendem, unsicherem Fels höher. Ich war zum Letzten entschlossen! Durch einen blinkenden Karabiner schlängelte sich der weiche, helle Hanf. Endlich das Schwerste überwunden! Knirschend brach der Griff der rechten Hand, an dem die ganze Last des Körpers hing. Automatisch suchte ich – schon im Fall – mich irgendwo zu verkrallen, riß mir aber nur die Finger blutig. Dann schnellte ich mich mit den Füßen von der Wand ab ins Leere. Mit gestreckten Armen stürzte ich, überschlug mich und streifte mit dem Kopf den Fels. Keine Angst, kein Schmerzgefühl peinigte mich. Der erste, etwas verschwommene Gedanke beim Wegfallen war: Aha, jetzt ist das Ende da! Mit zunehmender Geschwindigkeit beherrschte mein Denken die Frage: Wird Seil und Haken halten? – Als das Seil nach 15 Meter freiem Fall wie ein Messer zwischen meine Rippen schnitt und ich wie ein voller Sack gegen die Wand geschleudert wurde, fragte ich staunend zu mir selbst: Herrgott, war das weit! Ich hing an dem dünn gewordenen, knisternden Hanfgeflecht und starrte nach oben zu dem Mauerhaken, der jetzt Angelpunkt meines Lebens war. Warmes Blut rann in Bächlein aus den Haaren über mein Gesicht. Ein 10 Zentimeter langer Schnitt klaffte in der Kopfhaut. Nur dem eigenen Abdrücken von der Wand hatte ich mein Leben zu verdanken, sonst hätte ich mir bei meinem Salto an den Felsen den Schädel eingeschlagen.

Neuzeitliche schwerste Fahrten bedingen durch die meist vorzügliche Sicherung mit Mauerhaken und Doppelseil und gesteigerte Sturzmöglichkeit infolge geringer Haltepunkte eine besondere seelische Einstellung. Eindrücke vermögen sich nur schwer durch den Harnisch der Kaltblütigkeit und Gewöhnung zu bohren. Freilich ist die Lebensgefahr durch gewissenhafte Seilbehandlung stark geschwächt. Ein bezeichnendes Beispiel bietet ein Ausschnitt aus der Schilderung eines Ersteigungsversuches der Dachl-Nordwand (Kerschbaum): ›. . . Nichts mehr zu machen. Ich riskiere es, lifte mich hinaus, doch das Seil zieht – es läuft ja durch sieben Karabiner –, ich verliere den Halt, stürze, hänge am Seil. Fünf Haken wurden herausgerissen, an zweien blieb ich hängen.‹ – ›Was ist?‹ ruft Hugo, ›hast dir weh getan?‹ – ›Ja, das Bein hab ich mir angeschlagen, aber das darf nichts machen!‹«

Und etwas später: ». . . Hugo glitt aus und stürzte. Lärmend verschwand die Schlosserei in der Tiefe. Hugo an der steilen Platte am Seil hängend, rief nun: ›Jetzt können wir heimgehen!‹ Die Flüche, die sich an dem kahlen Felsgemäuer um uns brachen, sie kamen aus furchtbar enttäuschten Herzen.‹ –

Nicht Sturz und Gefahr, sondern Verzicht auf den nahen Erfolg ist hier Kern alles Denkens. Natürlich kommen im schwierigsten Gelände, im Fels sowohl als noch zahlreicher im Eis, Seillängen mit äußerst fragwürdiger Sicherung vor, sogenannte ›Durchgehstellen‹. Hier sind alle Gedanken und Bewegungen des Kletterers auf sicheres, sturzfreies Gehen abgestimmt. Ein Sturz bedeutet fast immer sicheren Tod. Wir können niemals letzte Gedanken und Empfindungen erfahren, denn bei diesen Stürzen hat der Bergtod unseren besten Zeugen den Mund für immer geschlossen.« F. Sch.

# Überlebt - Beispiele von Extremstürzen

HIAS REBITSCH.

Die nun folgenden Erzählungen sind bis auf eine ungekürzt und erlauben als Ganzes, wie ein Mosaik, Einblick in das Erlebnis des scheinbar unaufhaltsamen Absturzes. Alle Berichte stammen von Bergsteigern, die Traum und Wirklichkeit, Einbildung und Überbewußtsein sehr wohl unterscheiden können.

Besonders interessant und auch nicht atypisch ist der Beitrag von Professor Hias Rebitsch. Wäre er ein mir unbekannter Mann gewesen, der hier von Vorkindheitserlebnissen erzählt, ich hätte gezögert mit der Aufnahme seines Aufsatzes. Bei Rebitsch aber, einem der besten Kletterer aller Zeiten, handelt es sich um einen hochintelligenten, sensiblen und in jeder Hinsicht ernstzunehmenden Menschen. Seine Erfahrungen rühren an bisher völlig unbelichtete Tiefen des menschlichen Wesens.

So weitgehende Rückblenden scheinen also nicht nur beim Sterben aufzutreten, auch bei akutem Streß. Jemand, der sein ganzes Leben auf einmal und auf einer Ebene erlebt, während

er abstürzt, ist auch überzeugt davon, daß in dieser Rückschau sein Leben ist, er identifiziert sein Selbst nicht mehr ausschließlich mit seinem rationalen Ich, sondern auch mit seinem Lebensablauf.
Der Sinn des Selbst, des Lebens also und auch des Todes, liegt – intuitiv spürbar – bei Durchgängen im Grenzbereich nicht mehr nur im Kopf. Eine Überflutung aus dem Über- oder Unterbewußtsein, die die Sinnfrage aufhebt, auflöst, verknüpft vital Außenwelt und Innenwelt, führt den Menschen zu einem naiven Verständnis seines Einsseins mit dem Kosmos. Dies scheint nur im Ausschalten der Ratio möglich zu sein. In diesem Momenten wird das Ich zum Selbst, und der Tod ist nicht mehr das schreckliche Ende. Danach ist zwar der Tod wieder der Tod, aber mit einer anderen Bedeutung.
Der Kletterer, der von einem Absturz erzählt, sagt meist: »ich flog«. Er benutzte ein Wort für diese scheinbar mortale Situation, das gleichzeitig ›abheben‹, ›sich befreien‹, ›sich lösen‹, ›aufatmen‹ bedeutet. Fliegen ist seit jeher ein Wunschtraum des Menschen und wird oft mit grenzenloser Freiheit in Verbindung gebracht. Der Sturz ins Nichts – »ich stürzte einfach ins Leere« – kann, muß nicht zu einer Erleuchtung führen, und wer sterben gelernt hat, lebt leichter, angstfreier.
Ich kann von den Autoren der nun folgenden Kapitel nicht behaupten, daß sie nach diesen Grenzerlebnissen spielerischer gelebt hätten. Ich weiß es nur von mir. Nachdem ich »gestorben« war und mich von der Frau gelöst hatte, in die ich – wenigstens teilweise – den Sinn meines Lebens projiziert hatte, wage ich Tagträume und sehe das Leben als ein Zwischenspiel im Unendlichen.
Ich will damit nicht sagen, man müßte nun abstürzen, um leben zu können. Nein, so einfach ist es nicht. Es ist so leicht, den richtigen Moment zu versäumen, sich selbst zu versäumen, und einen »Kletterführer« für das Sterben-Lernen, also für das Leben-Lernen, gibt es nicht. Ich weiß nur, daß dies grundsätzlich in jeder Grenzsituation möglich ist.

## *In der Firnkluft*

Der Gletscher lag da in rätselhafter Majestät. Ich war wieder heiterer und ahnte nichts. Und doch stand schon hinter mir die schwarze Minute mit hoch erhobenem Beil, aber ich sah sie nicht, ich fühlte nicht ihren kalten Hauch im Nacken – von zwölf bitterschweren Stunden war ich müde und schlenderte einige Schritte unachtsam dahin. – Und da tut sich der Schnee unter meinen Füßen auf, und schon rast ein armer Menschenleib haltlos hinunter ins Finstere. Ich höre noch eine heisere Stimme halblaut krächzen: »Das ist der Tod!« – es muß wohl aus meiner Kehle gekommen sein. Und schon schlage ich mit Wucht nach vorn an die Wand und zurück an die Wand und tiefer unten wieder vorn an die Wand. »Niederträchtig!« Dies der letzte Gedanke, dessen ich mich entsinne. Solche Roheit am heiligen Menschenkörper ist man nicht gewohnt, das empörte mein Gefühl für das Schickliche: Eine Katze, an den Hinterpfoten gepackt und kräftig gegen eine Treppe geschmettert – ich war die Katze! – Nach dem dritten Aufschlagen während des Hinunterfliegens, also noch vor dessen Ende pausiert mein Erinnern eine mir unbekannte Zahl von Takten; folglich war ich ohnmächtig. –

Nebel – Dunkel – Nebel – Sausen – grauer Flor mit einem kleinen helleren Fleck – Nebel – schwache Dämmerung – leises Summen – dumpfes Unbehagen – Nebel – irgend jemandem ist irgend etwas geschehen – düsterer Nebel, immer jener helle Punkt – fröstelndes Schaudern: etwas Naßkaltes – Nebel – Wie war es doch? – Anstrengendes Sinnen – Ah! immer noch Nebel; aber außer jenem hellen Punkt da draußen taucht noch ein zweiter auf, im Innern: Richtig, das bin ich! – Nebel, dumpfes Klingen, Frost – ein Traum? – Ja, freilich! – ein wüster, wüster, wüster Traum! – Es hat geträumt – nein, richtig: ich habe geträumt. – Was doch nur? – Sturz!! – Ja, ich träumte, ich sei in eine Spalte gestürzt. – Erleichtertes Aufatmen – Ah! – »Weil es ja nur ein Traum war!« – Was war das? Wer hat

ÜBERSCHREITUNG DER GLETSCHER DES MONTBLANC.
Lithographie nach Entwurf von W. Pitschner, um 1840.

hier laut gesungen, eine Offenbachmelodie gesummt? – Der Nebel um mein Inneres lüftet sich ein wenig: – Ich? hier? im Finstern? und warum? warum so naßkalt? Und was greife ich da so Eisiges? – Eis!!! Wie eine feine, spitze Stahlnadel fährt es mir plötzlich durchs Gehirn: Ich bin ja in der Kluft – kein Traum, eiskalte Wahrheit! – Aber noch begreife ich das Geschehene nicht ganz, mein Bewußtsein ist erst halb klar, halb noch umschleiert – immer noch umgibt mein Auge trüber Nebel mit jenem helleren Schimmer. –

Eng ist die Spalte, links und rechts stoßen meine Hände bald an das harte Eis. Da liege ich, halb zurückgelehnt, auf einem eingekeilten Schneeklumpen; aber es geht nicht tiefer hinab – vielleicht doch? – Nein, augenscheinlich ist das der Grund der Spalte. – Es schmerzt nichts, und doch bin ich so zerschlagen; zerschlagen, als hätte jeder Nervenstrang unter dem Schmiedehammer gelegen! Und so matt! – Ich finde wieder zurück in ein seltsam wohliges Vergessen – Nebel – Säuseln – naßkalt – Nebel –

Plötzlich fahre ich auf: Ja, Entsetzen, wo ist denn die Welt? Meine Welt! – Schwerfällig schaue ich nach oben, aber ich sehe immer Nebel und nur einen kleinen lichten Fleck wie bisher. – Warum Nebel? Verletzt? Oder gar – meine Zähne schlagen aufeinander – oder gar blind? Aber nein! Ich sehe ja doch vor mir den Schnee! – Aber immer Nebel! – Ich greife mechanisch in die Uhrtasche, öffne den inneren Deckel des Gehäuses, der mir auf Turen als Handspiegel dient, und führe die Uhr nah ans Gesicht: Blut – alles Blut! Das rechte Auge fast geschlossen, tiefrot, und Blut rieselt über den Augapfel weg und rieselt fort über die Wange, den Schnurrbart entlang und hinunter in den Hals, auf die Hand, in den Schnee; Blut quillt von der Lippe, Blut quillt aus dem Kinn.

Ich fürchte für mein rechtes Auge, mit dem Finger öffne ich es, zwinkere mit dem linken – nein, ich sehe wie sonst. Über dem Lid klafft ein kurzer, tiefer Riß quer am Brauenbogen hin. Meine rechte Wange ist hoch geschwollen, aber ich fühle

wenig Schmerz; ich wußte damals noch nicht, daß das Jochbein darunter zweifach gebrochen war . . . Mir fehlen die für meine Sehschärfe genau zugeschliffenen Schneebrillen; wo sind sie? – Tut nichts! Ich habe zwei Vorratzwicker: der in der Hemdtasche ist wohlbehalten. Also abwischen und aufsetzen! – Ah, endlich sehe ich erträglich!
Ich blicke um mich: Scheußlicher Kerker! Hoch und furchtbar glatt und doch etwas unregelmäßig schießen die Eiswände hinauf. Dort oben aber, etwa in Stockhöhe ist die Spalte geschlossen durch eine Eisbank, nur mein Sturz hat ein großes Loch gerissen; und durch dieses Loch blickt aus unheimlichster Ferne von der oberen Schneedecke ein zweites Loch herab: Dort erst ist des Himmels Blau – von dort sickert das bißchen Licht herunter in die Nacht zu dem einsamen Blutenden auf der Eisscholle. – Also zum langsamen Tode verurteilt? – Weit, weit von aller Hilfe, fern der Heimat und unauffindbar den Meinen. In etwa fünfzig Jahren wird der Gletscher an seinem unteren Rand ein rätselhaftes Gerippe bloßlegen.
Und doch war ich nicht mehr verzweifelt. In meiner Erinnerung war aufgeblitzt, was ich mir schon seit vielen Jahren bis ins Einzelne ausgerechet, wie ich mich zu benehmen hätte, falls ich in eine Spalte stürzte. Und kaum gedacht, so schoß mir der Plan für das Werk der Befreiung kristallgleich im Geiste zusammen. Ich war voll froher Zuversicht, alle meine Seelenkräfte zielten jetzt nur auf das Eine, was eben not war; für die folgende halbe Stunde wurde mein ganzes Ich gleichsam verwandelt in Tat und Trotz. Wer sich noch nie um sein Leben mit den Zähnen gewehrt hat, der kennt nicht, was konzentriert leben heißt.
Übrigens schien es mir nachträglich, als sei während des ganzen Anstieges mein Bewußtsein nicht völlig klar geworden. Das Zweckmäßige meines Handelns glich halb dem eines Mondsüchtigen in der Dachrinne, einem Uhrwerk ähnlich lief in meinem Hirn ab, was ich mir vielleicht schon seit zehn Jahren vorausberechnet hatte. Daß man sich so gewöhne, alle

Möglichkeiten schon vorher in der Phantasie durchzuträumen, kann ich nicht warm genug empfehlen. Zwar wird man dadurch feiger, aber nur dieser Sitte verdanke ich die blitzartige »Geistesgegenwart«, die mich schon oft gerettet hat.
Zuerst sorgfältige Inventur meines Körpers: Rippen vollzählig, Quetschungen und Püffe allüberall, aber nichts Ernsteres – schmerzt kaum; somit allright bis auf die drei Fleischwunden im Gesicht und die geschwollene Backe. (Von jenem doppelten glatten Knochenbruch ahnte ich ja noch nichts.) Aber der Riß über dem Lide blutete unverschämt, so daß mein rechtes Aug' immer wie durch einen rötlichen Nebel sah und fast untauglich war. Auch die rechte Hand war an verschiedenen Stellen aufgerissen, doch konnte ich sie gebrauchen wie sonst. Weil sich die Kluftwände unregelmäßig aus- und einbuchteten, darum war ich so abscheulich vor- und zurückgeschleudert worden. Aber das war vielleicht gerade mein Glück: Das vielfache Anprallen und der Bruch der Eisbrücke schwächten die Wucht meines letzten Auffallens, so daß ich weder Bein noch Arm brach.
Ja richtig – o Schreck! – wo ist mein Pickel? – wo? – Halt! Dort im Schnee vergraben. Vorsichtig hinunter gelangt. Triumph! Nun bin ich völlig Herr meiner Lage! Aber jetzt auch kalt besonnen bleiben und höchst umsichtig handeln! Die Steigeisen vom Rucksack gelöst, an die Sohlen geschnallt. Donnerwetter, wie bin ich doch matt! Werde beim Aufstieg mit stählernem Willen meine letzten Hilfetruppen einberufen müssen. Nun immerhin, getrost ans Werk! – Halt, der Hut! Mit dem Pickel angle ich nach ihm; ich bin sehr vorsichtig, um nicht vielleicht doch noch tiefer einzubrechen. Was liegt dort? Die Schneebrille, ganz zermalmt! Tut nichts! Hübsche Erinnerung für späte Tage! Einstecken! So – jetzt noch auf die Uhr gesehen: sechzehn Uhr fünf Minuten.
Vorerst zwei Stufen übereinander in die eine Wand gehackt. Die Steigeisen fest hineingedrückt, mit dem Rücken gegen die andere Wand gestemmt und ruckweise mich emporgescho-

ben, bis die Beine schon ganz schräg liegen; die Knie bleiben natürlich wegen der Enge gebeugt. Nun drüben neue Stufen gehackt, links, rechts, schräg übereinander. Teufel! Das ist ja steinhartes Eis! Auch nach innen zu vereist der Gletscher und nicht erst an seiner Zunge. Linker Fuß hinauf, rechter noch höher. Mit dem Rücken hinaufgeschoben. Uff, wie schwer das geht! Der Rucksack hält zwar die Kälte ab, hindert mich aber arg in diesem wurmartigen Bewegen. Halt, ich hab's! Ich schlage auch knapp neben meiner Hüfte ein Loch, stoße den Pickelschnabel hinein und hebe mich mit aufgestützter Hand in die Höhe. Dann verspreize ich den Rücken wieder und hacke drüben weitere Löcher für die Fußsohlen. Und so geht es fort, immer schräg zwischen die beiden Mauern aus Eis verkeilt.
Da fühle ich aber mit Schrecken, daß die Kluft breiter wird. Was nun? Hallo, ein Gedanke! Dort weiter vorne verengt sie sich wieder. Gut! Also eine breite Stufe in die Rückwand geschlagen und den rechten Fuß mit der Ferse hineingesetzt. Nun den Pickel mit festem Druck schief zwischen beide Wände eingekeilt, mich leicht darauf gestützt und die linke Sohle drüben mit dem Außenrand in ihre Stufe gestemmt, dann den rechten Fuß herüben ebenso: Ich stehe ja prächtig mit den spitzen Steigeisen in dieser Spreizstellung! Nun mache ich in gleicher Höhe weitere Stufen und schreite so quer an den Wänden hin. Bald sind diese wieder näher beisammen, und ich kann das frühere Stemmen fortsetzen.
Aber o weh, ich habe vergessen, daß nun über mir eine geschlossene Eisbank ist; das von meinem Fall geschlagene Loch liegt einige Meter hinter mir in der Klufterweiterung. Ja, da muß ich eben nach oben durchhacken. Zum Glück habe ich vor drei Tagen die Wächte an der Wildspitze von unten durchbohrt und weiß, daß dies ganz leicht ist. Getrost arbeite ich mich also wieder mit Stemmtechnik so hoch empor, daß mein Hut schon an die Eisbrücke stößt. Nun schlage ich wieder in der Rückwand einen sicheren Tritt für den rechten Fuß

und baue etwas nach rechts ein Loch in die Kerkerdecke. Ah, wunderbar! Die Eisbrücke ist sehr hart und dick; also werde ich ziemlich sicher sein beim Hinaufkommen, und da oben ist in der vorderen Wand eine handbreite Eisleiste. Ich hacke zuerst gute Stufen in die Vorder- und die Rückwand bis hinauf zur Eisbank. Dann stecke ich den Kopf und den linken Arm mit dem Pickel durch das Loch, lege Pickel und Arm quer auf diese sichere Leiste und will hinauf. Verflucht! Das Loch ist zu eng geraten! Also vorsichtig mit den Füßen die letzten Stufen ertastet, wieder zurück, verspreizt und das Loch erweitert. Wieder hinauf. Diesmal kommen die Schultern hindurch, aber es bleibt mein Rucksack stecken! Noch einmal zurück, den Pickel durch das Loch auf die Eisbank gelegt, den Rucksack abgenommen und ebenfalls hinaufgelegt. Nun geht es flott empor. Die Eisbrücke ist neben dem Loche völlig sicher: Ich kann wieder sitzen auf festem Grund – ah! – und einen Augenblick rasten. Hier ist es schon lichter, dort links blickt der blaue Himmel durch das obere Loch herein, und über mir schimmert es hell an verschiedenen Stellen durch die dünne Schneehülle der Spalte. Aber hoch, hoch ist sie noch! Zweimal so hoch als das eben überwundene Stockwerk. Kalt ist mir gar nicht, auch fühle ich mich keineswegs erschöpft, obwohl ich mich unausgesetzt furchtbar anstrenge: Das bewirkt die bebende Kampfeswut! Nur das verwünschte Rieseln des Blutes über Auge, Gesicht, Kleider, ja sogar an der Eiswand hinab ist lästig.

Nach kurzer Pause arbeite ich weiter: Wieder die gleiche Technik, bald mit Stemmen wie in einem Dolomitenkamin, bald mit Spreizen wie auf einer Doppelleiter; und immer Stufen! Ich wechselte mit dem Verfahren, um ja nicht zu ermatten. Was aber wäre aus mir geworden ohne meine wundervollen Steigeisen! Und wehe, wenn meine Muskel auch nur einen Augenblick beim Gegenstemmen erlahmen! Einen zweiten Sturz in die Tiefe ertrüge ich nimmer. Doch fort mit solchen Gedanken, sie machen nur feig im Drange nach oben. Einmal

noch bauchte sich die Rückwand, und ich mußte eine kurze Strecke wieder gegen den Kluftwinkel hinqueren. Im zweiten Stockwerk traf ich die Reste einer ganz eingestürzten Schneebrücke. Unter mir wird die Tiefe immer gefährlicher, aber der Firn der beiden Wände ist auch immer weicher und leichter zu bearbeiten. Schon nähere ich mich der obersten Brücke, natürlich wieder an einer geschlossenen Stelle. Aber ich weiß, daß der Schnee ganz nachgiebig ist. Daher arbeite ich unbekümmert in der bisherigen Weise fort, schlage zuletzt meine

Stufen bis ganz durch unter die Decke und drücke nun einfach beim Hinaufstemmen mit dem Hute durch, ohne Widerstand zu finden. Schnee rieselt über mein Gesicht, in den Nacken, in die Brust – aber da sitze ich am Rande, die Füße noch im Grab, um meine Stirn aber spielst du in weichen, kosenden Wellen, du gutes Licht. Ein Ruck, und ich liege neben dem Schrunde. Geblendet schweift mein Blick aufwärts zu den Gipfeln: »Und den Thurwieser habe ich doch!« Meine Lippen sagen es laut zur Einöde, mein Erstes ist ein Trutzwort zu dem besiegten furchtbaren Gegner. Der Gletscher lag da in rätselhafter Majestät wie früher, und doch war die Welt so neu, so anders geworden. Tiefes Schweigen ringsum, und doch jubelte es mir zu in tausend Stimmen: Freu dich des Lebens, du Wiedergeborener! Und eine neue Sonne streichelte mich mit warmer Mutterhand. Aber ich schaute gelassen auf die Uhr – sechzehn Uhr einunddreißig Minuten – und notierte den mir denkwürdigen Zeitpunkt, allerdings mit zuckender Schrift. In die Spalte vor mir aber schaute ich nicht hinab, ich hatte auch während des Emporwindends kaum einen Blick nach unten geworfen. Ich schämte mich.

Noch befand ich mich mitten in dem verteufelten Gletscher, und zwar kam es weiter unten noch furchtbar verwickelt und bedrohlich; und so matt und wund ich war, es hieß jetzt alle Sinneskraft und physische Spannkraft und Willenskraft und Geisteskraft zusammenraffen.

Nun begann das langwierige Zickzack. Freilich kam ich sehr schnell auf den aperen Gletscher, aber hier war er noch viel ärger zerschründet als oben. Ein wenig half mir, was ich beim Aufstieg erfahren hatte; aber durch dieses unablässige Hin und Zurück zwischen parallelen Querlüften muß man so viel Kraft und Zeit vergeuden. Da ich noch die Steigeisen an den Füßen hatte, so brauche ich auch steilere Hänge in diesem grobkörnigen Eise nicht zu scheuen. Seltsam stand es um Gemüt und Nerven in mir: aufs tiefste erschüttert und gleichzeitig doch wieder gleichsam in seligem Träumen dahinschwebend. Unablässig sprach ich zu mir voll Staunen: »Du lebst! Weißt du das? Du lebst! Wahrhaftig! Kein Traum! Du lebst!« Mit froher Neugier bewunderte ich die interessante Welt als ein Niegesehenes.

Da mich das rieselnde Blut fortdauernd belästigte, so band ich das Esmarch'sche Tuch meines Verbandpäckchens über das rechte Auge. Und nun ging es weiter: An Eiswänden mit flüchtigen Stufen hinuntergeklommen, über manch scharfes Eismesser mit guten Steigeisen hinüberbalanciert, die zahllosen offenen Schründe mit immer neuen Finten überlistet. Endlich, endlich erscheint nach rechts freie Bahn bis hinaus ans Gletscherufer! Am Rand angekommen, lege ich die Steigeisen ab und tue aus einem Wasserloch einen tieftiefen Trunk Eiswasser. Nun aber war es zuviel. Jetzt, wo ich endlich ganz sicheren Grund unter dem Fuße fühlte, wo alle Gefahr überwunden hinter mir lag, da machte die Natur ihre Rechte unwiderstehlich geltend: Todmatt brach ich zwischen die Moränensteine, und meine Sinne zerflossen in das wonnesame, traumlose Nichts. –

Wie lange mochte ich so gelegen haben? Ich erwachte wieder erträglich frisch und stieg die Schütt hinab und durch das Krummholz zur Berglhütte. Ich wäre wohl noch ins Tal gekommen; aber weil es schon ganz finster und ich so bitter war, blieb ich dort. Freilich gab es da keinen Tropfen Wasser – meinen Schnee von gestern hatte ich natürlich weggeschüttet, – freilich sickerte die ganze Nacht hindurch langsam, sehr langsam das Blut aus meiner Wunde; ich konnte nicht schlafen, aufs Tiefste erregt, wie ich war. Aber ohn' Unterlaß schwelgte ich in dem Jubel, gerettet zu sein, in dem Stolzgefühl, mich selbst gerettet zu haben. In der Morgendämmerung brachte ich die Hütte in Ordnung und stieg frohen Herzens hinunter in meine neu gewonnene Welt, zu den Menschen der dumpfen Täler.

Eugen Guido Lammer

KLAUS ZOBEL.

## *In der Lawine*

Vor nun etwa drei Jahren bin ich, zusammen mit zwei anderen (die glücklicherweise auch überlebt haben, wenn auch nur knapp) im Bereich der Gottesacker-Wände in eine Lawine gekommen. Erst nachdem auch der fünfte den nicht sehr steilen Hang betreten hatte, geriet die Schneeoberfläche in Bewegung, was ich nicht durch das sanfte Hinfallen in Hangrichtung, sondern am mosaikartigen Zerbrechen der vorher glatten Fläche bemerkte.
Wie Eisschollen auf einem Strom glitt das alles vor und um mich, dann sich neigend in ein steileres Stück, das unten wieder in einer Terrasse auslief.
Ich hoffte, die Lawine würde auf der Terrasse zum Stehen kommen; aber schon vor mir glitt das Schollenmosaik in unveränderter Form über diesen Absatz hinaus ins Unsichtbare.
Angst empfand ich nicht, die sich, da ja doch nichts zu machen war, als zwecklos zeigte und daher unterblieb.
Nach der Terrasse wurde es erst sehr steil, dann vielleicht 20m

senkrecht und ich erwartete, als eigentlich fast unbeteiligter Zuschauer, den tödlichen Stoß. Der blieb aus, die Landung war eher sanft, weil unterhalb der Senkrechten das Gelände noch sehr steil war, nun reiste ich aber unterirdisch und viel rauher und schneller als vorher. Das Gelände wurde wieder weniger steil und die Schneemassen begannen, als Zeichen des Bremsens, von allen Seiten zu schieben. Ich hatte den Eindruck, die Lawine wäre zum Stehen gekommen, aber dann gab es noch einmal einen schiebenden Ruck, wie man im Fahrstuhl manchmal glaubt, schon zum Stillstand gekommen zu sein, aber dann noch einmal der Bremsruck erfolgt.
Ich lag unterirdisch, Schnee auf meinem Gesicht, versuchte mich zu rühren, stellte fest, daß nur mein rechter Unterschenkel außerhalb lag und bewegt werden konnte. Die Ski waren ab.
Ich hatte keinerlei Schmerzen, auch nicht das Gefühl panischer Beengtheit, das ich mir in einer solchen Lage immer vorgestellt hätte. Ich war ehe erschöpft, müde und hatte den Wunsch, überhaupt nichts zu tun.
Erst durch Denken schien mir, ich könnte in Gefahr durch Ersticken sein, wenn der Schnee auf meinem Gesicht liegenbleiben würde, und es kostete mich Überwindung, mich zum Handeln zu zwingen. Meine linke Hand war in der Nähe des Kopfes; ich versuchte, ein bißchen zu graben; das ging mit Handschuhen schlecht; es gelang mir, aus dem Handschuh herauszuschlüpfen und immer wieder ein bißchen Schnee beiseite zu schieben. Nach wahrscheinlich ein paar Minuten fiel neuer Schnee in die geschaffene Höhle und auf mein Gesicht, den ich wieder beiseite räumte. Nach vielleicht 10 Minuten hatte ich plötzlich Tageslicht über meinen Augen: Nun tat ich gar nichts mehr. Ich hatte keine Angst, keine Schmerzen, und auch die Kälte merkte ich eigentlich nicht, aber ich war müde. Der Höhenunterschied, den die Lawine durchmessen hatte, betrug etwa 250 m. Der Abstieg schien für die Freunde zunächst unmöglich, dann gelang er ihnen doch, nach 3/4 Stun-

den. Ich sah schließlich einen Kopf über mir durch das Luftloch.

Erst nachdem ich ausgegraben war, machte sich der Schmerz einer Genick-Verletzung bemerkbar und die Unterkühlung ließ mich viele Stunden lang nachher noch zittern. Wenn ich in dieser Lawine mit der Zeit durch Unterkühlung umgekommen wäre, hätte dies auf eine schmerzlose, allmähliche, dem Einschlafen ähnliche Weise stattgefunden. Klaus Zobel

## *In der Gipfelwand*

Vor etwa 10 Jahren wollten wir zu zweit den Normalweg am Heiterwandtürmchen (Pfalz) begehen (Schwierigkeitsgrad 2–3) und turnten seilfrei den leichten Kamin zur Kanzel unter dem senkrechten und kleingriffigen Gipfelwändchen hinauf. Der Freund war schon oben auf dem Gipfel – das Seil hatten wir wegen der 6–7 Meter nicht aufgerollt –, als ich einen Meter unterhalb Schwierigkeiten mit den Händen bekam (Krampf). Das Seil lehnte ich ab, in der Hoffnung, es werde schon gehen. Aber plötzlich lösten sich meine Hände vom Fels, ich fiel auf die Kanzel und von da bis zum Boden.

Ich kam mit den Füßen auf der Kanzel auf, taumelte zurück und fiel, gebremst durch die Äste einer kleinen Kiefer, flach mit dem Rücken auf den weichen Sandboden. Verletzt war ich nur leicht, ich hatte mir durch den Aufprall auf die Kanzel den rechten Fuß verstaucht, und außerdem waren einige Rippen geprellt.

Vom gesamten Sturzablauf weiß ich rational überhaupt nichts. Mein Gedächtnis und meine Sinne setzten mit dem Lösen der Hände vom Fels aus und kehrten erst wieder, als der Freund neben mir kniete und fragte: »Wie geht's?« In der Zeit, die der Freund brauchte, um das Seil in den Haken einzufädeln, sich abzuseilen und zu mir zu kommen, arbeiteten meine Sinnesnerven nicht. Ich weiß nichts vom Taumeln auf der Kanzel, vom Sturz durch den Baum, vom Aufprall auf den Boden, und spürte auch keine Schmerzen. Erst durch die Frage kehrte ich ins »bewußte Sein« zurück. Ich habe oft darüber nachgedacht und bin zu dem Ergebnis gekommen, daß meine Psyche, meine Seele, oder wie man es nennen will, während des Sturzes nicht im Körper war. Mein Leben zog nicht an meinem »geistigen Auge« vorbei, vielmehr sah ich mir gleichsam von außen zu. Erinnern kann ich mich dabei an ein Gefühl der Neugier, wie ich wohl unten ankäme und wie es weitergehe. Ich war während des Sturzes im Wortsinne »außer mir«.

Heinrich Weiller

## *In der Plattenwand*

Von der Anhalter Hütte (Lechtaler Alpen) gehe ich bei trübem, nebligem Wetter zur NW-Wand des Maldongrates (2.522 m). Ich will versuchen, eine neue Route zu suchen, die neben der Schneerinne (RZ 971) liegen soll. Die geplante Route sieht nicht allzu schwierig aus, einen Seilgefährten – meine ich – brauche ich dazu nicht. Nach dem Einstieg über ein brüchiges Wandl und Köpfe (III–IV) zu einem griffarmen Steilaufschwung (IV+). Eine Wand zwingt mich zu einer Querung nach rechts. Beim Übersteigen eines plattigen Wandstückes löst sich eine Platte und rutscht nach unten, prallt auf einen Absatz und poltert zu Tal. Ich werde auf diesem Absatz von der Platte gegen die Wand geschleudert, falle, rutsche, schürfe noch weiter bis auf einen größeren Absatz. Ca. 20 m über mir liegt jetzt der Ausbruch.
Soweit kann ich es im nachhinein rekonstruieren. Der Sturz selber ist mir anders bewußt, von einer erschreckenden Andersartigkeit, die mir bis dahin fremd ist. Nicht ich falle, stürze, schürfe, sondern ich sehe jemanden fallen. Jemanden, der mir bis aufs Haar gleicht. Jemanden, der ich sein könnte und doch nicht bin, weil ich ihn doch sehe, nicht sein kann.

Der da trägt meine alte rote Jacke, die reparaturbedürftigen Schuhe, die immer lädierte schmutzig-grüne Hose. Der da sieht aus wie ich, sagt überrascht, bestürzt verdammte Scheiße, hängt auf der Platte, fällt, rutscht, schürft, bleibt liegen. Die Platte poltert; donnert berstend zu Tal, zu all dem Schutt unten. Der da liegt immer noch. Komisch – es ist das erste Mal, daß ich einem Sturz zusehe. Ob ihm wohl etwas passiert ist?
Wann ich erwache, weiß ich nicht. Es ist immer noch hell oder schon wieder. Die Uhr ist stehengeblieben, kaputt. Ich steige noch zum Gipfel. Alles schmerzt, blutet und spannt. Außer einem verstauchten Knöchel, großflächigen Abschürfungen und Prellungen ist nichts passiert. Auf der Hütte noch bin ich verwirrt; wer ist abgestürzt; ich, er oder wer sonst?

Norbert Baumgärtner

## *In der Triolet-Nordwand*

Um 03.30 Uhr stiegen wir als zweite Seilschaft ein. Andreas führte die erste Seillänge, sie war die schwierigste. Er schätzte sie auf 70° steil, die Wand geht dann aber plötzlich auf 55° zurück, um sich weiter oben wieder aufzurichten.
Ich führte in der 2. Seillänge, Andreas freute sich über meine gute Kondition. Trotz sauschlechter Eisverhältnisse ging es zügig aufwärts. Andreas dirigierte mich meistens auf die wenigen Firnrippen, und wir querten so schnell es ging unter den beiden Amerikanern vor uns hindurch, um keine Eisstücke abzubekommen.
Nach etwa 12 Seillängen gelangten wir wieder auf Blankeis. Vorher fanden wir alle Eissorten vor: Mischmasch-Eis, Blankeis, brüchiges und splittriges Wassereis. Andreas führte und war begeistert von der Ausgesetztheit und Steilheit des Eises, das Eis war herrlich!
Auf einer Firnrippe machte er Stand. Ich war ca. 40 Meter

WOLFGANG SCHELS MIT FREUND ANDREAS.

links unter ihm. Er rief mir zu, die Schlüsselstelle wäre einfach, er könnte sie einsehen. Wir konnten jedoch die Entfernung nicht richtig einschätzen, so daß wir nicht wußten, wer in dieser Seillänge führen würde. Jeder freute sich, daß er vielleicht diese Seillänge bekam. Ich folgte, nachdem ich noch etwas Tee trank, über das Blankeisfeld nach und grüßte Mike, der ungefähr 10 m links von mir auf gleicher Höhe stand, und Paul, der schon über die Rippe war, sicherte.

Ich sprach nichts mehr mit Andreas, wie überhaupt wir beim Klettern wenig besprochen haben, nur das Notwendigste, da wir gut aufeinander eingespielt waren.

Ich war nun etwa 5–7 Meter von Paul, der über mir stand und schon das Seil einholte, entfernt, und da nur Schnee in der Mulde lag, sicherten das Eisbeil und der Eishammer schlecht.

Ich blickte gerade hinauf und lächelte dem Engländer zu, als mein rechtes Bein abrutschte und ich auf dem Rücken liegend hinabstürzte, ich rief noch: »Ich falle.« Ich sah, wie sich das Doppelseil in die Firnrippe hineinfraß und eine Nebelfahne hochwarf. Versuchte noch mit Eisbeil und Hammer mich zu halten. Paul sah das auch noch.

Langsam hat sich mein Körper gedreht, und durch meine Beine seh ich das Couloir in rasender Geschwindigkeit auf mich zukommen. Plötzlich ein Ruck, weiß nicht, was los ist, glaube das Seil ist gerissen, auch besser so. Die Einbildung, es wäre ein Traum, und ich würde von irgend jemandem wieder oben hingestellt werden, ist wie ausgelöscht. Die einzigen Gedanken, die ich während der ganzen Fahrt habe, waren: »Jetzt ist gleich Schluß, und so stirbt man.«

Ich drehe und überschlage mich und schlage erst einmal und nach langer Zeit (ich glaube, ich flog durch die Luft – Seracs –) noch einmal auf, nicht daß es schmerzt, nein, man nimmt das als gegeben hin, aber wartet darauf, einen Schlag zu bekommen, der bewußtlos macht und dann tödlich wirkt. Aber meine Fahrt geht noch weiter, zuerst noch einmal auf dem Rücken und danach auf die Seite, und ab diesem Zeitpunkt

weiß ich nichts mehr. Ich schätze, daß ich ca. 200 Meter bewußt – schmerzempfindend – miterlebt habe. Ich hatte keine direkte Angst vor dem Sterben, ich fürchtete den Aufprall. Daß Angst eine Lähmung ist, trifft meiner Meinung nach nicht zu, denn man kann ja sowieso nichts mehr daran ändern.
Nach 2 Stunden bin ich dann von einem Hubschrauber gerettet worden und ins Krankenhaus von Chamonix geflogen worden. Vom Tode meines Seilgefährten und Freundes Andreas habe ich erst nach mehrmaligem Fragen erfahren.

Wolfgang Schels

## *An der Aiguille du Midi*

Zum Eingehen und Akklimatisieren wählten wir die Südwand der Aiguille du Midi, 3842 m hoch. Bis zum Ausstieg der »Contamine-Führe« verlief alles reibungslos. Der Fels war schwer, aber trocken und gut zu klettern. Auf dem Grat angelangt, seilten wir einige Meter in die N-Seite hinab, um von hier aus zur Seilbahnstation hinüberzuqueren. Dies war jedoch äußerst schwierig, fast unmöglich, da der Fels dick mit Wassereis überzogen war. Pickel und Steigeisen hatten wir nicht dabei. Ganz nahe sah ich das Geländer der Station, es waren vielleicht 30 Meter, und doch war sie so weit entfernt. Erst jetzt sah ich ein Seil, das von dem Geländer der Station zu zwei Felshaken, nur ca. 2 Meter über mir, gespannt war. Offenbar wollte man den vielen Südwandkletterern den Ausstieg erleichtern oder ermöglichen. Ich kletterte zum Beginn des Seiles, prüfte die Fixierung und schaute fragend zum anderen Seilende. Dort stand ein Arbeiter der Seilbahngesellschaft und gab mir zu verstehen, daß ich am Seil herüberkommen könne.
Es war mir zwar nicht ganz geheuer, zog es aber eher vor, mich am Seil hinüberzuhangeln, als mich auf den Eiertanz im

JOACHIM SCHNEIDER.

Eis einzulassen. Die Versuchung war zu groß. Mein Freund sicherte, und ich hängte mich vorsichtig ans Seil, das auch hielt, noch hielt. Nachdem ich etwa 1/3 der Distanz gehangelt war, gab das Seil nach. Ich fiel immer schneller. Das Seil hat sich gelöst, schoß es mir durch den Kopf, was mir jedoch nichts nützte. Ändern konnte ich jetzt nichts mehr. Ich mußte mich dem Schicksal ergeben. Wenn nur der Kamerad hält, dachte ich noch.

Was nun folgt, spielte sich in Sekunden ab. Sekunden, in denen ich über die Grenze geblickt habe. 20 Meter tiefer hänge ich nun im Seil, rufe zu meinem Kameraden, der mich wiederum anruft und sich nach meinem Befinden erkundigt. Jetzt begreife ich erst, ich bin 20 Meter gestürzt und lebe. Die Erinnerung an Einzelheiten setzt allmählich ein: Ich klammere mich am Seil fest, das plötzlich nachgibt. Ich sehe, wie mir Fels und Eis entgegenfliegen, bin aber hellwach. An der ersten Felsrippe fliege ich vorbei, an der zweiten stoße ich mich geistesgegenwärtig noch ab – als wenn ich dies jeden Tag mehrmals machen würde –, um an den nächsten Rippen nicht an-

zuschlagen. Ich fühle mich schwerelos, das Schweben ist ein angenehmes Gefühl. Am nächsten Felsen fliege ich vorbei, schlage dann aber an einer Rippe auf. So lächerlich es klingt, es ärgert mich, meinen schönen neuen Anorak zu zerreißen. Der Sturz kommt mir furchtbar lange vor, ich müßte doch bald unten sein. Es sind ja nur 250 Meter! Ich denke keinen Moment daran, daß mir selbst bei diesem Sturz etwas Ernstliches zustoßen könnte, eine stärkere Verletzung etwa, oder gar das Ende, wenn ich unten aufschlüge. Trotzdem bemühte ich mich, den einzelnen Felsrippen auszuweichen, was mir zum Teil auch gelingt. Plötzlich der Ruck, der Sturz ist gestoppt. Wie durch ein Wunder hänge ich gesund im Seil, lasse mich etwas ab und klettere dann hinauf, ganz hinauf bis zum Geländer der Seilbahnstation.
Mein Kamerad löst das verhängnisvolle Seil aus den Haken und bringt es mir – als Erinnerungsstück – mit.

Joachim Schneider

## *In der Goldkappel-Südwand*

Durch Mauerhaken und Doppelseil vom Gefährten her gesichert, klebe ich am großen Wulst der Goldkappel-Südwand. Die rechte Hand greift höher, bekommt eine scharfkantige Leiste zu fassen. Vorsichtig ziehe ich mich an ihr hoch. Da höre ich ein feines Knistern, spüre ein Nachgeben des Griffes. Er bricht?! Wie ein elektrischer Schlag durchzuckt es mich – Absturz, das Ende . . . Nicht stürzen!!! Blitzschnell tappe ich nach einer winzigen Schuppe über mir – sie splittert ab. Die nächste, die dritte – alle brechen . . .
Meine Füße stützen sich noch auf die Tritte unter dem Knick des Überhanges, doch die Hände greifen schon keinen Fels mehr. Der Oberkörper wird von einer Riesenfaust hintenüber, nach abwärts gerissen. Ich darf mich nicht überschlagen, nur nicht rücklings, nicht kopfunter fallen. Ich muß vom Fels

wegspringen! Alles in mir sträubt sich gegen diese wahnwitzige Vorstellung, schreit danach, die Tuchfühlung mit dem Fels nicht zu verlieren, um mich an ihm noch halten, noch retten zu können. Doch der Instinkt ist stärker und zwingt mir das Handeln auf. Ich schnelle mich mit den Beinen weg von der Wand, in die Luft, in den gnadenlosen, furchtbaren Abgrund hinaus . . .

Die rasende, grauenhafte Höllenfahrt beginnt. Noch erfasse ich es voll, das Entsetzliche, nehme die Vorgänge um mich noch bewußt auf: Ein kurzer Bremsruck. Ich registriere – der erste Haken ist gegangen. Der zweite. Ich schlage am Fels an, schleife an ihm hinab, will mich noch wehren, mich an ihm verkrallen. Aber weiter, unaufhaltsam, schleudert mich eine Urgewalt hinab. Verloren. Aus . . .

Und nun fühle ich keine Angst mehr; die Todesfurcht ist von mir gewichen, jede Gefühlsregung und Sinneswahrnehmung ausgelöscht. Nur mehr Leere, völlige Ergebenheit in mir und Nacht um mich. Ich »stürze« auch nicht mehr, ich schwebe bloß sanft auf einer Wolke durch den Raum, befreit von Erdgebundensein, erlöst. Nirwana . . .?

Hab' ich das dunkle Tor zum Totenreich schon durchschritten? In die Finsternis um mich kommt plötzlich Helligkeit und Bewegung. Aus dem Ineinanderwogen von Licht und Schatten lösen sich Linien heraus; erst schemenhaft verschwommen, nehmen sie erkennbare Formen an. Naturalistische – menschliche Gestalten und Gesichter, eine altvertraute Umgebung. Wie auf einem inneren Bildschirm flimmert ein Stummfilm auf; in Schwarzweiß. Ich sehe mich darin – als Zuschauer ihm gegenüber – wie ich, kaum an die drei Jahre alt, zum Krämer nebenan tripple. In der kleinen Hand den Kreuzer fest umschlossen, den mir meine Mutter gegeben hatte, damit ich mir ein paar Zuckerln kaufe. Szenenwechsel: Als Kleinkind gerate ich mit dem rechten Bein unter eine umfallende Bretterlage. Der greise Großvater, an einem Stock humpelnd, müht sich ab, die Bretter hochzuheben. Mutter kühlt

und streichelt meinen gequetschten Fuß. Zwei Ereignisse, an die ich mich sonst nie mehr erinnert hätte.
Weitere Bilder aus meiner frühesten Kindheit flimmern auf; rasch wechselnd, bruchstückhaft, kaleidoskopartig durcheinandergewirbelt. Das Zelluloidband ist gerissen: Lichterschlangen fahren wie Blitze durch einen leeren, schwarzen Hintergrund; Feuerkreise, sprühende Funken, flackernde Irrlichter: (mein Schädel schlug an die Wand an?)
Der Streifen läuft wieder. Seine Projektionen stammen aber nicht mehr aus der Zeit meines jetzigen Lebens. Und ich sehe mich auch nicht mehr auf der »Leinwand« als bloßer unaktiver Zuschauer. Ich bin aus dem Film herausgetreten, agiere jetzt selber, körperlich, lebend, auf der raumhaft gewordenen »Bühne«; stehe als gewappneter Knappe in einem hohen Rittersaal; Edelleute in Prunkgewändern, aufgeputzte Burgfrauen, Pagen. Humpen kreisen, buntes Treiben.
Vorbei, wie abgehackt. Neue turbulente Einstellungen aus solch ferner Zeit zucken auf. Dann schält sich ein ruhigbleibendes Motiv heraus: Ich schreite hinter einem Holzpflug her über Ackerland in breiter Ebene. Wolkenschiffe segeln darüber hin.
Abrupte Überblendung in ein Schlachtgetümmel: Wilde, fremde, langzottelige Reiter stürmen an, Spieße fliegen. Todesnot! –
Alles lautlos, gespenstisch.
Plötzlich ein Ruf aus weiter Ferne: »Hias!« und wieder: »Hias, Hias!« – Ein innerer Anruf? Der eines Kampfgefährten? Auf einmal gibt es keinen Reiterkampf und keine Todesnot mehr. Nur Ruhe um mich und übersonnten Fels vor meinen Augen; sie haben sich geöffnet. Der Film ist aus, die Klappe hat sich geschlossen. Das aufgestoßene Fenster hinab zu Tiefen der Vergangenheit ist wieder dicht verrammelt. Und nochmals der angsterfüllte Schrei: »Hias, Hias! Bist du verletzt? Wie geht's dir?« Der Ruf kommt aus dieser Welt, von oben, vom sichernden Freund.

Wie es mir geht? Ich finde mich in einer sonderbaren Situation wieder. Hänge wie ein zusammengeschnürter Mehlsack an zwei Seilen über einem Abgrund und schaukle hin und her und ringe nach Atem. Da erst begreife ich es – ich habe einen 30-Meter-Sturz überstanden, bin von einer langen Reise rückwärts durch mein Leben – auch durch ein vorangeganges? – zurückgekehrt, bin wieder in meinen Körper geschlüpft ...

Wenn ich manchmal an diese dramatische Erstersteigung denke – bei der der Sensenmann noch zweimal nach mir griff – dann beschäftigt mich vor allem der merkwürdige »Film«, welcher während des Sturzes auf einem »inneren Bildschirm« vor mir abrollte. Daß er tatsächliche Begebenheiten aus meiner frühesten Kindheit – als ich halbwegs aufzufassen begann – wiedererstehen ließ, ist noch verständlich. Doch die nachfolgenden »Gesichte« von Ereignissen, die sich schon vor Jahrhunderten im Leben von Vorfahren zugetragen haben mußten – waren sie bloß zufällige, beziehungslose Phantasieprodukte, wie Traumgebilde? Oder genetisch weitergetragene Erinnerungen? Es ist zumindest möglich, sogar wahrscheinlich, daß meine Urahnen derartiges erlebten! Spiegelten sie vielleicht doch wirkliche Erlebnisse von ihnen wider? Nachhaltige Eindrücke, die über viele Generationen hinweg in tiefsten Schichten der Psyche aufgespeichert und als unbewußtes Erbgut in der Geschlechterfolge weitergegeben wurden? Brach unter der ungeheuren seelischen Belastung während des Sturzes ein Sperriegel, und wurden solche Aufspeicherungen durch Steigrohre des Unterschwelligen wieder ins Bewußtsein heraufgeschleudert? – Buddhas Lehre von den Wiedergeburten? Es gibt Dinge zwischen Himmel und Erde, von denen sich die Gelehrten nur ungern was sagen lassen – sich aber doch so langsam dazu bekennen werden müssen ...

Hias Rebitsch

# Visionäres Sehen - gesteigertes Empfindungs- und Sehvermögen im Gebirge

»Beim Blick über den Nuptse-Grat vom Everest-Gipfel das Gefühl zur Welt zu gehören. Oder die Erkenntnis der eigenen Begrenztheit beim Marsch über den steinigen Herconesgletscher am Fuße des Aconcagua. Trotzdem: ich werde nie Selbstmord begehen.« Derartige Empfindungen kommen spontan, sind rein subjektiv und haben wenig mit Verstand oder Vernunft zu tun. Sie tragen wesentlich zur persönlichen Sinnerhellung bei und sind für mich mit das Wichtigste beim Bergerlebnis.
Gerade die einmalige Chance zu diesem gesteigerten Empfindungs- und Sehvermögen im Grenzbereich macht das Bergsteigen so »lebenswichtig« für mich. Dabei ist der Grenzbereich sehr relativ. Für den einen liegt er bei einer Dolomitenwanderung, für einen anderen in der Todeszone des Nanga Parbat. Ein oft kleiner, unerwarteter Zwischenfall kann zu einer starken Seins- und Selbsterfahrung führen.
Der Mensch besteht nach meiner Erfahrung aus einem äußeren und inneren Menschen. Der äußere Mensch – physischer und intellektueller Bereich – ist weitgehend dem einzelnen zugänglich. Der innere Mensch – seelischer Bereich, das sind Unterbewußtsein und noch nicht näher definierbare Ebenen (ich nenne sie den feinstofflichen Bereich) – ist dem einzelnen gemeinhin nicht zugänglich, sofern er sich nicht Methoden bedient, die ihm den Weg öffnen. Der östliche Mensch sieht sich als Schale gefüllt mit Wasser in einem Ozean schwimmen. Der Ozean ist die Unendlichkeit, das All, zu dem jeder einzelne gehört. Die Schale ist der physische Mensch, der Körper. Jeder Körper also hat in sich den Stoff, aus dem alles besteht. Jeder Mensch hat also am All teil. Da das All unendlich ist, hat der Mensch an der Unendlichkeit teil. Mit Hilfe seiner Sinne als Werkzeuge und seines Bewußtseins als Registrierapparat, kann der Mensch sich selbst erfahren, bewußt und klar. Der Erfahrungsbereich muß grundsätzlich unendlich groß sein, da der Mensch Anschluß an das All hat und das All unendlich ist.

Zur Selbsterfahrung gibt es viele Wege, grundsätzlich aber zwei: der physische Weg und der psychische Weg. Beide Wege sind richtig, beide Wege sind notwendig. Da Materie begrenzt ist, sind die Grenzen des Körpers endlich. Der seelische, feinstoffliche Mensch ist unbegrenzt, also ist seine Erfahrungsmöglichkeit unbegrenzt. Diese ist aber nur dann voll ausschöpfbar, wenn der Mensch sie körperlich umsetzt, das heißt, wenn er geistige Erfahrungen realisiert und umgekehrt körperliche Erfahrungen vergeistigt.
Bewegt sich der Mensch einseitig und übermäßig im Grenzbereich des Physischen, besteht die Gefahr der Selbstverletzung bis zur Selbstzerstörung. Bewegt sich der Mensch einseitig im Grenzbereich des Psychischen, dann besteht die Gefahr des Selbstverlierens, was ebenfalls einer Selbstzerstörung gleichkommt.
Sich selbst erfahren heißt leben – oder leben ist nichts anderes als dauerndes und vitales Selbsterfahren. Wer nicht dauernd neue Erfahrungen macht, stagniert. Wer nicht selbst Erfah-

OUR CAMP ON MONT SUC.[1]

rungen macht, sondern sich von Erfahrungen anderer leiten läßt, vegetiert. Um Erfahrungen umsetzen zu können, haben wir ein Bewußtsein, und bewußt leben heißt ständig wach und offen zu sein für Erfahrungen. Vor allem die Bereitschaft, die Fähigkeit, bewußt zu erleben, ist wichtig. Diese erreicht man durch bewußt geübte Verfeinerung dieser Fähigkeit. Das ist allein möglich, indem man sich selbst überläßt und das Leben in sich registriert. Methodisch geschieht dies zum Beispiel durch Alleinsein, Ruhen und Augenschließen, richtiges Gehen, oder auch richtiges Bergsteigen. Der innere Mensch wird dann lebendig, er regeneriert und aktiviert ruhende Kräfte. Diese gewonnenen Kräfte werden dann körperlich oder geistig umgesetzt: Der Mensch produziert, er verwirklicht sich, und in dieser Selbstäußerung findet er ein starkes Selbstverständnis.

Vielfach ist der Mensch heute im Westen nicht in sich selbst ruhend, gesteuert von außen, gejagt im Streß, körperlich oder intellektuell oder psychisch einseitig belastet. Belastung, also auch Leistung, ist für die Selbstverwirklichung grundsätzlich notwendig, einseitige Belastung, also Streß, ist aber schädlich.

Der Mensch von heute muß seine körperliche Leistungsgrenze kennenlernen, aber nicht ständig überstrapazieren. Dieser körperliche Erfahrungsbereich bedarf aber der Vertiefung, die durch Ruhe, Alleinsein, Sich-nach-innen-Wenden, möglich ist. Durch Tiefenentspannung z.B. oder richtiges Gehen ist Selbsterfahrung bis zur völligen Freiheit möglich. Für den heutigen Menschen gibt es neben den einfachen Methoden zur Selbsterfahrung und Selbstverwirklichung, die in seinem Lebensbereich anwendbar und verwirklichbar sind, auch die des Grenzbereichs.

Hier ein Beispiel:

»Zeitpunkt: 2. 3. 1974. – Ort: Im Aufstieg zum Roche Faurio (Haut Dauphiné), auf ca. 3400 m (bereits oberhalb des Glacier Blanc). – Äußere Umstände: Fast 1 m Neuschnee; Sturm, aber

LAWINENUNGLÜCK BEIM ERSTBESTEIGUNGSVERSUCH DES VENEDIGERS 1828.
Radierung aus der Zeit.

schönes Wetter (nach tagelangem Schneefall); offensichtlich Lawinengefahr. – Ablauf des Unfalls: Mit dumpfem Knall riß ca. 100 m über mir der Hang auf ca. 100 m Breite ab. Praktisch sofort schlug der Schnee über mir zusammen (Gefühl ähnlich wie bei einem Sprung ins Schwimmbad). Da ich beim Knall dummerweise ›Achtung‹ geschrien hatte, wurde mir der Mund sofort mit Schnee vollgepreßt. Ski und Stöcke wurden sofort weggerissen. Die Lawine ging mit hoher Geschwindigkeit ab und lief ca. 500 m weit. Ich befand mich insgesamt nur ca. 20 Sekunden in der Lawine. Beim Stillstand konnte ich mich sofort selbst befreien. Die beiden Gefährten konnten das Ereignis aus sicherer Entfernung beobachten. – Gefühle während des Unfalls: Konkrete ›Gefühle‹ stellten sich nicht ein, insbesondere kein Gefühl der Angst. Der ganze Ablauf wurde von mir sehr intensiv, überaus angespannt wahrgenommen, jedoch ohne jede Art von Panik. Mir fielen sofort die in der Literatur für solche Fälle empfohlenen Schwimmbewegungen ein, die auch tatsächlich hervorragend halfen, trotz der absoluten Dunkelheit in einer in etwa waagerechten Lage und relativ weit oben in der Lawine mitzuschwimmen. Das Denken konzentrierte sich ausschließlich auf die Bewegungen dieses Mitschwimmens. Ich merkte immer, wie mir die Beine hochgezogen wurden; ich wehrte mich dagegen mit Bewegungen der Arme (in etwa wie wenn man beim Schwimmen mit einem starken Stoß der Arme weit aus dem Wasser herausschnellen will). Das ganze Denken bestand somit aus einer streng nüchternen Erkenntnis meiner Lage und einem ebenso streng rational gesteuerten Kampf gegen das Herumgewirbeltwerden in der Lawine. Zu anderen Empfindungen kam es nicht. – Da ich den Mund gepreßt voll Schnee hatte, wurde mir plötzlich die Luft knapp. Im selben Moment kam ich jedoch zum Stillstand und wurde dabei zusammengekrümmt. Mit einem wilden Stoß des Oberkörpers durchbrach ich die Schneedecke, spuckte den Schnee aus und konnte wieder atmen. Ich war unverletzt. Erst jetzt fuhr mir der Schreck in die Glieder.«

J. L., der dieser Beschreibung nach zu schließen ein rational bestimmter Mensch ist, drückt es nicht konkret aus, aber ich spüre aus seiner Berichterstattung, daß dieses Erlebnis zu seiner persönlichen Seinserhellung beigetragen hat.
Während ich am 1. Juli 1970 völlig erschöpft und mit erfrorenen Füßen das obere Diamir-Tal abwärts ging, blieb ich einmal bewußtlos liegen. Als ich wieder zu mir kam, war ich nicht mehr ängstlich, auch nicht niedergeschlagen, ich wollte nichts mehr. Als ob ich angesichts der Auflösung im Nichts erst frei geworden wäre.
Jeder, der mit Logik und dialektischem Verstand ein solches Erleben zerlegt, wird den Kopf schütteln über so viel »Unbe-

A CANNONADE ON THE MATTERHORN (1862).

greifliches«. Dabei – davon bin ich überzeugt – überschreitet diese Art des Begreifens den Verstand.
Ich habe im Diamir-Tal am Nanga Parbat nicht nur das Bewußtsein verloren, ich habe den eigenen Tod subjektiv wahrgenommen, erlebt. Vom Gipfel bis ins Tal bin ich wohl durch alle seine Phasen hindurchgegangen.
Seit damals bin ich meinem Bewußtsein nach schon einmal »tot« gewesen.
Es ist aber nicht unbedingt notwendig, daß konkrete Todesgefahr auftritt, um das »Sterben« zu erleben. Sie ist nur sehr lehrreich, stimulierend, wie aus folgendem Beispiel hervorgeht.

»Wir standen gerade alle sechs auf einem Absatz, und ich zog das Doppelseil ab. Da krachte es fürchterlich, wie der Donnerschlag eines Gewitters, in dessen Zentrum man sich befindet. Wir erschraken und zuckten zusammen. Dann hörten wir bereits das Sausen und Zischen vorbeifliegender Steine. Erst jetzt erkannten wir die tödliche Gefahr. Ursache des Donnerschlages war ein Felssturz. Wir rissen die Köpfe hoch und sahen über uns, auf einer Front von 20–30 Metern, nur Steine, große und kleine, einige waren mindestens 1 Kubikmeter groß, die genau auf uns zukamen. Der Himmel war nicht zu sehen. Die Angst war plötzlich so groß, daß wir alle vernünftigen Verhaltensmaßregeln vergaßen und uns da, wo wir standen, flach auf den Boden warfen.
Das sonst instinktive richtige Verhalten – das möglichst dichte Anlehnen an die Wand – war total ausgeschaltet. Ich lag auf dem Absatz, drückte den Kopf in meine gewinkelten Arme und dachte nur – oder sagte ich es? – jetzt ist es aus, jetzt ist es aus, jetzt ist es aus, aus, aus, vorbei, die armen Lieben zu Hause, aus, jetzt ist es aus. Ich hörte und sah nichts mehr. Ich fühlte mich tot, hatte aber keinerlei Schmerz verspürt. Plötzlich hörte ich Stimmen, vorsichtig sah ich hoch und wunderte mich, daß ich noch lebte. Es kam mir vor, als sei ich auferstan-

WALTER BONATTI.

den, weil ich lebte. Auf dem Gletscher hörte ich noch die letzten Steine aufschlagen, als ich feststellte, daß auch alle Kameraden lebten. Die meisten und offenbar größeren Steine waren hinter uns gefallen, obwohl auch die kleineren, die neben uns, zwischen uns die Seile zerschlugen, genügt hätten, unser Leben auszulöschen.
Der Überlebenswille wurde plötzlich ungeheuer stark, wir wollten unbedingt heil aus der Wand kommen.«

Nur wer diese Erlebnisse selbst kennt, »besitzt« sie gewissermaßen. Übertragen lassen sie sich nicht, weder durch Erzählungen, noch durch den Film. Auch lassen sich solche Erlebnisse nicht erzwingen.
Eine Nacht im Freien, ein wochenlanger Marsch durch einsame Berggebiete oder das zentimeterweise Hochbalancieren an senkrechter Felsflucht aber können als äußere Umstände schon genügen. Es muß nicht immer so aussichtslos erscheinen, wie in Walter Bonattis Biwaknacht am Brouillard-Pfeiler am Mount Blanc:

»Ich glaube, daß nur ein zum Tode Verurteilter die Tragödie dieser Nacht verstehen könnte. Als wir erwachten und uns der grausigen Wirklichkeit bewußt wurden, war es fast Mitternacht. Seitdem ist pausenlos mein ganzes Leben vor meinem geistigen Auge abgelaufen, und ich bin so verzweifelt, daß meine liebsten Erinnerungen sich mit den schrecklichsten Vorstellungen von unserem Tod verbinden. Einmal sehe ich mich am Ende des Seiles über dem Abgrund hängen, von Schneeschauern gepeitscht ... ich werde von einer Lawine fortgerissen ... ich bin in eine Gletscherspalte gestürzt ... verirrt in einem Labyrinth entsetzlicher Gletschertürme, ohne Sicht, hoffnungslos. Bei diesen Vorstellungen kauere ich mich noch mehr in meinen schneebedeckten Schlafsack zusammen, als ob ich mich vor der Wirklichkeit verkriechen wolle.«

Die scheinbar auseinanderlaufenden Zeiträume Vorher und Nachher erscheinen plötzlich als eins und verfließen ineinander.
In solchen Stunden, Rationalität ist meist ausgeschaltet, kommen Lebensevidenz und Wahrheit an die Oberfläche, wird der Vorhang von Sein und Nichts transparent.
Die subjektiven Erhellungen aus solch visionärem Sehen sind, wie ich meine, nur für Eingeweihte mitteilbar; wir haben noch keine allgemein verständliche Sprache dafür. Wir Bergsteiger bedienen uns, wie im übrigen andere Sportler auch, gewisser Synonyme. Daher auch das Aufleuchten der Augen von Unbeteiligten bei sprachlicher Kommunikation mit einem, der es wieder erlebt hat: »Die Hangeltraverse in der Mitte der zweiten Seillänge oberhalb des ersten Bandes in der Scotoni-Südostwand.« – »Der Wasserfallkamin in der Rampe in der Eiger-Nordwand.« – »Die Sturmnacht am Everest-Südpol.«

Bergsteigerlatein? Nein, das sind nichts als die technisch-sachlichen Mitteilungen für spezielle Erfahrungen, bis in Ebenen seelischer Vitalität reichend, allerdings nur für den, der es selbst erfahren hat.

THE COL DU LION: LOOKING TOWARDS THE TÊTE DU LION.

Nicht jeder hat die Fähigkeit, sich Erlebtes bewußt zu machen, nur die allerwenigsten können es mitteilen, so zum Beispiel Walter Bonatti.

»Die Einsamkeit, in die ich eingeschlossen bin, ist so vollständig, so sinnverwirrend, daß ich mich gelegentlich dabei ertappe, wie ich mit mir selber rede, laut meine Überlegungen anstelle und alles, was mir durch den Kopf geht, vor mich hinerzähle. Ich erwische mich sogar dabei, daß ich mit meinem Rucksack rede, als hätte er eine Seele, als sei er ein rechter Seilkamerad. Ich muß zugeben, er ist es sogar: ein geduldiger, großzügiger, kostbarer Begleiter, der, sollte ich fallen, eine glänzende Sicherung bieten könnte.«
Und:
»Das sind Augenblicke, in denen hundert Gedanken durch den Kopf wirbeln und sich trotzdem mit absoluter Klarheit für das ganze Leben einprägen.«
Oder:
»Nach fünftägigem Ringen habe ich das Empfinden, als sei ich mit dem Berg zusammengewachsen und es sei mein Schicksal, ewig um einen unerreichbaren Gipfel kämpfen zu müssen. Zum ersten Mal bin ich mir bewußt, daß ich den Südwestpfeiler der Drus bezwungen und das ›Unmögliche‹ geschafft habe. Dadurch ist die psychische Sperre in meiner Brust gelöst, und ich könnte weinen und lachen zugleich.«

Dieser Übergang von Innenwelt zu Außenwelt zu Innenwelt findet sich sehr häufig in der alpinen Erlebnisschilderung, so auch ein naives Erfülltsein im Hier und Jetzt.
Wie oft habe ich in irgendeinem Hochlager im Himalaja in einem halbwachen Zustand mich und die Welt »für immer« verstanden! Es war keine Grenzsituation da, und meist erwachte ich unterhalb der Todeszone. Trotzdem war ich kein Grübler in meiner Selbstreflexion, sondern ein Erkennender.

Der extreme Bergsteiger braucht extreme intuitive Erkenntnisse, um zu überleben. Er muß eine Art Instinkt entwickeln, um dort durchzukommen, wo Logik und Können versagen. Er wird dabei auch seelisch extrem durchlässig für Empfindungen. So hatte ich beim Abstieg über die Mummery-Rippe am Nanga Parbat an der schwierigsten Kletterstelle das absolute Gefühl, jeden Griff zu kennen, das alles schon öfter geklettert zu sein, obwohl ich noch nie dagewesen war. Nur so war es möglich, daß ich immer gleich richtig Tritt faßte, keine Kräfte vergeudete. Alles fiel mir bei dieser schwierigen Passage besonders leicht. Es ist nun einfach, solche Erlebnisse mit Halluzinationen oder bloßen Adrenalin-Ausschüttungen abzutun. Ich denke, daß sie weit über derartige Erklärungen hinausweisen. Und wenn Dr. Oswald Ölz, mein liebster Expeditionsarzt, behauptet, Bergsteigen sei das Spiel der Leiden, und Erfolg hinge weniger von Lungenkapazität und Herzvolumen als vielmehr von der Motivation ab, will er von der Physiologie des Menschen auf seine psychischen Bereiche weisen.

Sicher sind Halluzinationen im Grenzbereich keine Seltenheit. So glaubte ich nach dem Abstieg vom Hidden Paek im Karakorum in meinem Ausgetrocknetsein, in einer Gletscherspalte einen blau-grün schimmernden See zu erkennen. Am Fuße des Nanga Parbat (1970), völlig erschöpft, sah ich Menschen mit Pferden sich mir nähern. Es kamen immer mehr und neue, auch als ich die ersten Erscheinungen rational als Halluzinationen entlarvt und andere als Steinklötze ertastet hatte.

Über eine normale Wahnvorstellung hinaus weist dieses Erlebnis von Walter Bonatti:

»Wir gehen im Zickzack, wir kriechen auf allen vieren, wenn uns ein Schatten beunruhigt. Manchmal verwechseln wir einen Schneehaufen mit einer Spalte oder einer Schlucht, manchmal kommt uns die riesige Brenvaflanke nur wie ein Graben vor! Der Schnee ist so tief, und unser Tempo ist so

RENÉ DESMAISON.

langsam und stockend, daß wir oft nicht wissen, ob wir auf- oder absteigen. Der Wind kommt nun noch stürmischer und eisiger von vorne und schleudert uns Eisnadeln ins Gesicht. Da glaube ich plötzlich, dicht vor mir ein Schneehuhn zu sehen. Ich halte. Es fliegt rasch über dem Boden davon, kommt zurück, fliegt wieder in derselben Richtung davon und kommt wieder zurück. Seit wann gibt es denn weiße Schneehühner auf dem Montblanc? Ich schüttle mich. Welche Halluzination narrt mich? Ungläubig nähere ich mich der Erscheinung. Ich zweifle, ob ich noch normal bin. Da breche ich auch schon in einen Freudenschrei aus – wir sind auf dem Gipfel des Montblanc!«

Nach solchen visionären Erlebnissen geht es mir manchmal wie Einmal-Totgewesenen: mein Zeitgefühl ist verändert, anhaltende Out-of-Body-Erfahrungen, nicht selten das Gefühl, mit dem Universum eins zu sein. René Desmaison, der führende Bergsteiger in Frankreich, erzählt sogar vom Gefühl, aus einem dunklen Tunnel aufzutauchen, als er mehr tot als

THE GRANDES JORASSES AND THE DOIRE TORRENT, VAL FERRET (D'ITALIE).

lebendig aus der Nordwand der Grandes Jourasses gerettet wird:
»Zusammen mit Gérard werde ich am Stahlseil Meter um Meter hochgezogen, brauche nur die Beine gegen die Wand zu spreizen, gegen den Schacht dieses Brunnens, aus dessen Nacht ich langsam auftauche. Benommen muß ich feststellen, daß von den zwei verbleibenden Seillängen nur noch die ersten vierzig Meter schwierig gewesen wären. Wie haben wir so nah dem Gipfel scheitern können? Ich verstehe das Schicksal nicht: Serges Tod wird mir mit seinem ganzen Widersinn deutlich.
Ein kurzer Halt, eine Manipulation oben am Stahlseilgerät, dann geht's weiter hinauf. Noch ein paar Meter bis zur Wächte, die Hell und Dunkel, das Leben vom Tod trennt. Welche Lebensgier ist plötzlich in mir! Noch ein Meter, und plötzlich treffen Sonnenstrahlen mein Gesicht, ich knie auf dem Gipfelgrat, auf dem Eise, zusammengekrümmt in innerem Aufruhr.«

Die vielen visionären Erlebnisse auf bald dreißigjähriger Bergsteigerei haben wesentlich zu meinem Selbstverständnis beigetragen. Einmal existierte ich nur noch als Bewußtseinspunkt, einmal in einem starken Allgefühl. In solchen Momenten wird Wissen zur Erkenntnis, ohne daß es der Verstand weiter verarbeiten muß. Er registriert es und einen Augenblick lang scheint es rational greifbar, ohne allerdings ein weiteres Mal abgerufen werden zu können.
Für dieses visionäre Sehen scheint es weniger Schranken als für die Ratio zu geben. Ich bin deshalb überzeugt davon, daß letztlich seelisches Erkennen nur erlebbar ist. Es gibt neben den wissenschaftlich erforschbaren Ebenen des Seins noch weitere sinnlich nicht wahrnehmbare Dimensionen unserer Existenz.

# Freitod - vom willentlichen Selbstmord in der Wand

Wie oft schon bin ich gefragt worden, warum ich mit meinem Leben so leichtfertig umginge. Vor meiner Abreise zum absoluten Alleinversuch des Nanga Parbat bekam ich einige Anrufe mit der Bitte, daheim zu bleiben. Immer klang der Vorwurf durch, ich würde mich freiwillig umbringen. Dabei bin ich ein ängstlicher Bergsteiger und weiß, daß ich in einer Wand oder auf einem fernen hohen Gipfel niemals Selbstmord begehen könnte. Das heißt nicht, daß ich weiß, dort auf keinen Fall umzukommen. Ich ignoriere die Gefahren nicht, aber ein Freitod ist im Grenzbereich der Todeszone nach meinem Dafürhalten gar nicht möglich.
Warum? Ich weiß es nicht. Ich weiß nur, daß ich da oben mehr am Leben hänge als im Tal, und ich fand keinen Fall, wo ein Mensch auf gefährlicher Bergfahrt freiwillig aus dem Leben trat.
Im Gegenteil, er kann in steiler Wand zum Leben zurückfinden. Ich kenne umgekehrt eine Reihe von guten Bergsteigern, die sich im Tal, also nicht beim Bergsteigen, das Leben genommen haben. Der Alpinist ist also nicht gefeit vor Selbstmord, nur in der Wand, wie ich meine, kommt dieser nicht vor.

»Der Lebensüberdrüssige möge einmal eine ernstere Bergtour unternehmen, zuerst durch die sanft versöhnende Taleinsamkeit wandern, dann im Angesicht der zeitlosen Riesengröße dieser Hochwelt inne werden, wie klein sein Ich und wie unbeträchtlich all seine Leiden und Sorgen seien, und jetzt soll er die eigentlich gefährliche Bahn betreten: Er wird staunend an sich erfahren, wie die Lust zu leben dort mit der Wucht des Sturmwindes ihn erfaßt, wie er kämpft und sich wehrt und immer neue Resttruppen seiner Leibes- und Seelenkräfte herbeiruft, nur um nicht zu sterben. Der Sportalpinist ist der seelische Gegenpol des Selbstmörders.«

THE SUMMIT OF THE MATTERHORN IN 1865 (NORTHERN END).

So drückt sich Lammer aus. In diesem Punkt pflichte ich ihm ausnahmsweise bei und gehe sogar so weit zu behaupten, daß ein potentieller Selbstmörder – einmal in steiler Wand – sich nicht mehr zu Tode stürzen kann. Die Anstrengung des Aufstiegs, die intensive Körpererfahrung beim Klettern und die Ausgesetztheit schon genügen, ihm das Leben und die drohende Todesgefahr vor Augen zu führen, ihm das Sein intuitiv wertvoll werden zu lassen. Der Tod erscheint ihm wohl nicht mehr wünschenswert.

Auf Expedition oder beim Klettern kam für mich die grundsätzliche Frage nach »Umbringen oder Weiterleben« erst gar nicht auf. Dabei ist es durchaus nicht so, daß ich immer und ununterbrochen an meinem Leben hing. Es gab Zeiten, wo ich aus Verzweiflung sterben wollte, öfter schon sagte ich in einem Freuden- oder Liebestaumel: »Jetzt möchte ich sterben.«

Wenn ich an anderer Stelle – in meinem Buch *Die großen Wände* – einmal gesagt habe, Hermann Buhl sei, als er an der Chogolisa über die Wächte trat, nicht mehr der Hermann Buhl vom Nanga Parbat gewesen, und Walter Bonatti habe das große Bergsteigen aufgegeben, um zu überleben, wollte ich nicht auf Freitod anspielen. Beiden wurde das Leben so schwer gemacht, daß sie ihren natürlichen Überlebenswillen einbüßten.

Indem man einen Menschen in die Position des Alleingängers drängt, nimmt man ihm nach und nach die überlebenswichtige Fähigkeit, sich selbst und andere richtig einzuschätzen, erstickt er in seinem Getrenntsein. Die ausweglose Situation, in die Buhl und Bonatti nach ihren scheinbar »übermenschlichen« Erfolgen von der Kletterwelt ihrer Umgebung gedrängt worden sind, beschleunigten ihren Tod.

Hoffnungslose Isoliertheit und Sinnberaubung können auch den vitalsten Bergsteiger umbringen. Wer »ausgestoßen« wird, aus welchen Gründen auch immer, läuft Gefahr abzustürzen, wenn er nicht, wie Bonatti, die Konsequenzen zieht

HERMANN BUHL.

und das Bergsteigen aufgibt. Mit Selbstmord hat dies nichts zu tun, ich würde dies eher psychischen Mord durch die Gruppe nennen.

Auch der Freitod nach innen beim Sich-Fügen in das Sterben – beim Sturz, in der Lawine oder bei totaler Erschöpfung – hat nichts mit Selbstmord zu tun.

Extreme Bergsteiger sind oft sehr vital, und es braucht sehr lange bis sie ins Mortale zurückfallen. Eher sind sie so lebensvoll, daß sie eventuell andere Menschen aufgeben, »opfern«, aber nicht sich selbst.

Wer allerdings durch ein Sterbeerlebnis begriffen hat, daß Selbst, Eins, Nichts dasselbe sind, steht anders zum Tod. Nicht, daß er sich nun nach dem Sterben sehnen würde oder am liebsten schon tot wäre, er fürchtet nur das Sterben nicht mehr in dem Maße wie vorher.

Wenn Bergsteiger, wie es oft so schön heißt, »ihr Leben aufs Spiel setzen«, hat das nichts mit Selbstmord zu tun. Durch den »kalkulierten Wahnwitz« ihrer Klettertouren wollen sie nicht zu Tode, sondern zum Leben, zu sich selbst kommen.

Schon Lammer hat dies in seinem *Jungborn* klar formuliert: »Natürlich trieb es mich in diesen Zeiten mehr als je in den Bergen hart an die Grenzmark des Lebens. Aber wohlgemerkt: nie in Selbstmordstimmung. Im Gegenteil: Gerade hier fühlte ich aus der Tiefe meines Innersten alle aufbauenden Kräfte emportauchen, die sich ans Leben klammerten.«

# Verschollen -
# zwei tote Engländer erzählen
# vom Everest-Gipfel

»Am Morgen des 6. Juni verließen bei schönem Wetter Mallory und Irvine das Lager zur letzten Fahrt am Mount Everest. Sie hatten sofort die Sauerstoffapparate in Gebrauch genommen und waren wohlauf und guter Dinge.
Die Nacht zum 7. Juni verbrachten sie im ersten Hochlager. Dann brachen sie zum höchsten Lagerplatz auf. Zur gleichen Zeit verließ Odell den Nordsattel, nahm einen Träger mit und stieg bis ins erste Hochlager empor, um sich hier zur Hilfeleistung im Notfall bereitzuhalten. Odells Träger litt an Bergkrankheit. Als Mallorys Leute am Nachmittag des 7. Juni vom höchsten Lager zurückkehrten, wurde er mit diesen zum Nordsattel zurückgeschickt.
Mit einem schönen, klaren Morgen brach der 8. Juni an. Odell, der Einsame, verließ das Lager und stieg gemächlich hinauf zum höchsten Zeltplatz. Aber noch vor Mittag schlug das Wetter um. Gelegentliche Hagelschauer und Schneesturm erschwerten das Vordringen. Er hatte noch nicht das höchste Lager erreicht und mochte sich in einer Höhe von etwa 7925 Meter befinden, als sich unvermittelt die Wolken lichteten und sich dem einsamen Höhenwanderer der Ausblick auf den nordöstlichen Gipfelrücken des Everest auftat. In weiter Entfernung, an einem Firnhang, der in einer Höhe von ungefähr 8605 Meter lag und über dem die letzte Gipfelpyramide ansetzte, sah er zwei winzige, sich aufwärts bewegende Punkte. Er beobachtete sie einige Augenblicke, sah, wie sie sich vorankämpften – da fegten neue Wolken über den hohen Grat und legten einen undurchdringlichen Schleier über den Everest und die beiden Männer, die um ihn rangen. Es war 11 Uhr vormittags. Was Odell gesehen hatte, war das letzte, was man um Mallory und Irvine weiß.«

So steht es in den alpinen Geschichtsbüchern, und so erzählen es Noel, Odell und einige andere heute, die als Medien zwischen Mallory, Irvine und uns stehen:

GEORGE LEIGH MALLORY.

ANDREW IRVINE.

»Mallory und Irvine verließen das letzte Camp nur mit einem Sauerstoffgerät, da das andere kaputtgegangen war und nicht mehr repariert werden konnte. Abwechselnd die Sauerstoffmaske benutzend, kamen sie nur sehr langsam voran. Die zweite Stufe, die klettertechnisch die größten Schwierigkeiten bot, hielt sie länger als erwartet auf, so daß sie erst in den Nachmittagsstunden die letzte Gipfelpyramide hochsteigen konnten. Völlig am Ende ihrer Kräfte erreichten sie erst am Abend den Gipfel. Sie wußten in ihrer grenzenlosen Müdigkeit jetzt schon, daß sie nicht mehr herunterkommen würden, versuchten es aber trotzdem. Beim Abstieg, nachts, rasteten sie sehr oft.«

Bis hierher stimmen die Erzählungen der Medien im großen und ganzen überein. In weiteren Details weichen die Schilderungen voneinander ab, ohne sich zu widersprechen.
»Mallory und Irvine stiegen ab, wobei der führende Kopf des Unternehmens, Mallory, durch sein Vorangehen beim Gipfelangriff ausgepumpt, abstürzte und seinen Eispickel verlor.«

Diese Medium-Schilderung ist schon aufgetaucht, bevor Wyn Harris 1933 Mallorys Eispickel fand. Später gefundene Teile eines Sauerstoffgeräts im letzten Camp lassen die Vermutung zu, daß nur eines funktionierte.
Sprechen nun Odell und Noel, beide Teilnehmer der Everest-Expedition von 1924, wirklich mit den Seelen der beiden Toten vom Everest, oder ist ihre Vorstellungskraft – sie waren 1924 unmittelbar in das Geschehen miteinbezogen – so angeregt, daß sie den Fortgang des für sie unsichtbaren Abenteuers miterlebten?
Auch ich habe, öfter schon, in extremer Höhe mit meinem Kletterpartner Gedanken ausgetauscht, ohne daß wir miteinander sprachen.

MITGLIEDER DER EVEREST-EXPEDITION VON 1924.
In der ersten Reihe von rechts nach links: Odell und Noël.

Es soll tatsächlich Personen geben, die über die ungewöhnliche Fähigkeit verfügen, als Medium (Mittler) mit Verstorbenen in Verbindung zu treten.
Mir fehlen jegliche Erfahrungen in dieser Richtung. Damit aber wäre ein Fortwirken nach dem Tode bewiesen – eine Annahme, die für mich irrelevant ist. In England gibt es viele Anhänger dieses Glaubens, und die »Botschaften Verstorbener« sind dementsprechend häufig.
Worauf immer diese »Wahrträume« zurückzuführen sind, einige Punkte scheinen sie zu beweisen: das eine Sauerstoffgerät, der Punkt, an dem Mallorys Eispickel später gefunden worden ist, die Zeitangaben und Schwierigkeiten der Kletterei. Die chinesische Expedition von 1975, die denselben Weg genommen hat, belegt dies.
Was immer diese Medien vom Tod der beiden Gipfelstürmer zu spüren und zu hören glaubten, es scheint doch so zu sein, daß Mallorys Psyche Raum und Zeit überschreitet, auf irgendeine Weise noch da ist. Der den beiden sehr nahestehende Noel erlebte offenbar in Träumen, Visionen oder auch Eingebungen mit, wie die beiden zum Everest-Gipfel aufgestiegen sind und beim Abstieg an Erschöpfung starben.
Für mich gelten Mallory und Irvine seit ihrem Verschwinden im Nebel an der zweiten Stufe, unterm Everest-Gipfel, als verschollen. Es ist für mich nun unwichtig, ob die beiden als erste Menschen den höchsten, festen Punkt der Erde betreten haben oder nicht, wichtiger erscheint mir die Tatsache, daß Mittler zwischen der diesseitigen und der jenseitigen Welt auftreten und Einblick in das Seelenfeld zu haben vorgeben.
Verbinden die höchsten Berge der Welt für den Sehenden also doch »Himmel« und Erde, das Reich der Lebenden mit dem Seelenfeld »der Toten«?

# Todeszone - Tabakplantagen am Nanga Parbat

Als Toni Kinshofer, einer der erfolgreichsten deutschen Bergsteiger der Nachkriegszeit, nach Siegi Löws Tod über die Bazhin-Mulde am Nanga Parbat abwärtsstapft, ist er völlig außer sich.
»Während er das weite Schneefeld der Mulde in nördlicher Richtung quert, löst sich sein Steigeisen vom Fuß – er müßte es lediglich neu befestigen –, aber er stolpert vor sich hin in der Vorstellung, zwischen Tabakplantagen zu wandern: Die Höhe hat seine Sinne völlig verwirrt.«

Das ist einer von vielen Eindrücken von Menschen, die sich lebend aus der Todeszone ins Tal gerettet haben. Rational sind solche Erzählungen unbegreiflich, subjektiv hat das dazugehörige Erlebnis einen tiefen Eindruck auf den betroffenen Alpinisten hinterlassen.

»Frank Smythe wußte am Mount Everest, daß Shipton umgekehrt und er allein war, gleichzeitig fühlte er, daß der Freund mit ihm war, und schöpfte daraus Vertrauen und Kraft. Er sah drachenartige Tiere am Himmel und wußte, daß ihm seine überreizten Nerven eine Sinnestäuschung vorspiegelten. Er rieb sich die Augen und öffnete sie wieder, die Tiere waren nicht verschwunden.«

Das Verwunderlichste in diesen Höhen sind spukhafte Erscheinungen von hilfsbereiten Personen, die der österreichische Forscher und Bergsteiger Herbert Ticky »Phantomgefährten« nennt. Bei meinem Alleingang am Nanga Parbat, 1978, hatte ich ab Wandmitte unsichtbare Begleiter. Ich unterhielt mich in vier Sprachen mit ihnen, obwohl ich nur drei spreche. In meinem Tagebuch (8. 8.) habe ich notiert:
»In diesem ausgebrannten Sein, in diesem Leiden werden Gedanken, die ich noch nicht ganz gedacht habe, plötzlich ausgelöscht. Vielleicht ist meine grenzenlos einsame Position nur deshalb noch erträglich. Es ist mir plötzlich, als ob jemand ne-

ben mir säße. Ich kann ihn nicht sehen, aber aus den Augenwinkeln glaube ich zu ahnen, daß es ein Mädchen ist. – Es ist höchste Zeit, daß ich das Zelt aufbaue. Wir gehen sonst ein bei dieser Hitze. Sie sieht mir zu, wie ich den Schnee niedertrete, und ich denke, es wird ihr zu heiß sein aufzustehen. Obwohl ich weiterhin alles allein machen muß, ist es doch schön, daß sie da ist. Es ist schwierig, das Zelt mit den dünnen Alustangen allein zu verspannen. Oben lege ich den Schlafsack drauf, so daß die Sonnenglut nicht so sehr durchkommt. Ich räume Matten und Rucksack ein und hänge wieder den Schneesack ins Zelt. Erst nach zwei Stunden beginnt es zu tropfen. Ich bin heute zuversichtlicher als gestern, obwohl ein Nebelmeer unter mir liegt und alle Täler und Berge bis auf 6500 Meter einhüllt. Im Westen aber steht ein rotgelblicher Dunststreifen am Horizont, der mir gutes Wetter verspricht. Es sieht aus, als ob dort die Welt aufhöre. Mich interessiert vorläufig nicht, was da draußen vor sich geht. Nur um mich herum beobachte ich zwischendurch Kinder, Männer und Frauen, ohne diese zu erkennen und von diesen im speziellen etwas zu wollen. Sie sind nur da, wechselnd. Und ich unterhalte mich mit ihnen.«

Wenn man die Erlebnisberichte der Erstbesteiger der Achttausender liest, können einem erfahrenen Alpinisten die Haare zu Berge stehen. Herzog und Lachenal stiegen wie im Traum von der Annapurna ab, nachdem sie 1950 als erste Menschen auf einem Achttausender gestanden hatten. Und die Stürze von Compagnoni und Lacedelli vom K 2:
»Nach halbstündigem Gipfelaufenthalt beginnt der abenteuerliche Abstieg, bei dem es infolge der Dunkelheit und der furchtbaren Erschöpfung zu bösen Zwischenfällen kommt: Schneebrett, Sturz des einen, der den andern mitreißt, Verlust eines Pickels, Überschreitung eines großen Schrundes mit 15 m tiefem Fall von Compagnoni. Es ist fast ein Wunder, daß sie um 11 Uhr abends mit heilen Knochen bei ihren Kameraden in Lager 8 landen.

Auch am nächsten Tage gab es beim weiteren Abstieg noch ein aufregendes Nachspiel: Compagnoni rutschte aus, sauste gegen 200 m weit hinunter, dem Rand des großen Ostabsturzes zu, kam aber glücklicherweise in weichem Schnee zum Halten . . . So abgekämpft waren die Gipfelstürmer. Insgesamt kann man sechs Abstürze zählen!«

Es scheint ein Wunder zu sein, daß die beiden überlebten. Und doch, für die Betroffenen ist alles klar, selbstverständlich. Es hätte gar nicht anders sein können. Peter Habeler, am Südcol befragt, ob ihm die Fahrt auf dem Hosenboden über die Ostflanke des Mount Everest nicht zu riskant erschienen war, antwortete ihm »nein«. Für ihn ist sein Abstieg, so wie er verlief, der einzig richtige gewesen. Etwas anderes kam nicht in Frage.

Viele werden nun derartige Verhaltensweisen und Reaktionen mit dem verringerten Konzentrationsvermögen in extremer Höhe abtun. Und in der Tat, bei längerem Aufenthalt in der Todeszone – ohne Sauerstoffgerät, versteht sich – denkt man langsamer, reagiert man langsamer; auch mit dem Sprechen ist es so, wie ich anhand von Tonbandaufnahmen, von Funkgesprächen aus großer Höhe jederzeit belegen kann.

Dies hatten bereits die Briten herausgefunden, die schon 1922 ernstlich versucht hatten, den Mount Everest zu stürmen:

»In diesem Augenblicke war uns die Frage gleichgültig, um wieviel Meter wir die bergsteigerische Höchstleistung schlugen. Man bedenke, daß der Geist sich hier oben nicht leicht anregen läßt. Die Gedanken werden mit zunehmendem Luftmangel und wachsender Ermüdung immer träger. An mir konnte ich zwar keinen Irrsinn oder vollkommen Unlogisches feststellen, aber die Reichweite meiner Denkfähigkeit beschränkte sich in der Nähe von 8200 m auf einen einzigen Gedanken, neben dem mir kein anderer erinnerlich ist. Die Aussicht, für die ich meist empfänglich bin, ließ mich ganz kalt.

Nicht einmal der vermutlich großartige Blick über den Nordostgrat lockte mich. Gerne hätte ich die Nordostschulter erreicht, da sie eben die Stelle war, die sich sozusagen als Pflichtziel darbot. Aber kein starkes Wünschen trieb mich dorthin und der märchenhafte Gedanke, dort oben gestanden zu haben, war mir gleichgültig. Die anderen blieben geistig vielleicht regsamer als ich. Als wir aber zur Beratung schritten, verlief die Wechselrede sehr flau.«

Nicht ganz so flau verläuft unser Gefühlsleben in großer Höhe. Am Gipfel des Everest wurde ich von Emotionsausbrüchen geschüttelt. Und Walter Bonatti, der 1954 beim Gipfelangriff auf den K 2 zusammen mit dem Hunza-Träger Mahdi Sauerstoffflaschen für die Spitzenseilschaft ins letzte Lager schleppte, beschreibt die anbrechende Biwaknacht mit aufwühlenden Worten. Man hat ihn in 8000 Meter Höhe im Freien nächtigen lassen:
»Eine heftige innere Erregung packt mich. Ich fühle, wie ich einen Augenblick ohnmächtig werde. Alles scheint um mich zusammenzubrechen. Ich bin nicht mehr fähig, irgend etwas zu denken. Als ich nach Überwindung des Schocks mich wieder aufrichte, sind kostbare Minuten vergangen. Es ist vollständig dunkel. Mahdi ist neben mir, und in der Dunkelheit sehe ich seine Augen leuchten. Wie soll ich Worte finden für diese grausame Wirklichkeit? Die Kehle brennt wie Feuer, und instinktiv führe ich eine Handvoll Schnee zum Mund. Ich spüre die Kälte nicht.«

Und weiter:
»Es bleibt nur noch eines: hier die Nacht zu verbringen und den Tag abzuwarten. Instinktiv haue ich aus dem Steilhang eine ausreichende Plattform aus, so daß wir beide Seite an Seite bleiben können. Gedanken und Erinnerungen jagen durch mein Gehirn. Ich kann nicht mehr logisch denken, und die Vorstellung unseres bevorstehenden erbärmlichen Endes

überwältigt mich. Gegen diese Vorstellung bin ich machtlos geworden, und der Schädel scheint mir dabei zu zerspringen. Als ich brülle: ›Nein, ich will nicht sterben! Ich darf nicht sterben! Lino! Achille! Es ist unmöglich, daß ihr uns nicht hören könnt! Helft uns! Unglück über euch‹ und ich mich zu den schlimmsten Drohungen hinreißen lasse, wird mir plötzlich bewußt, daß ich um Haaresbreite verrückt werde.
Ich bin in einer schrecklichen Krise, und als ich ihrer Herr werde, ist es, als ob ich aus einem furchtbaren Traum erwachte.«

Öfters schon habe ich in Gipfelnähe sonderbare Töne vernommen: am Hidden Peak und auch am Mount Everest. Töne, die nicht aus mir, sondern aus dem Berg zu kommen schienen.
Einmal dachte ich, dieses Geräusch müsse vom Wind kommen, aber es war anders als das Pfeifen und Brausen des Windes. Es war wie Musik mit nur zwei Tönen.
Und nicht nur *ein* Achttausender-Bezwinger sagt, sich selbst da oben als Zuschauer erlebt zu haben, außerhalb seines physischen Körpers gewesen zu sein. So hatte Peter Habeler wenig unterm Everest-Gipfel das Gefühl, daß nicht mehr er da klettere.
Zu diesem Zeitpunkt *quälte* ich mich nicht mehr aufwärts. Ich stieg, einige Kriechschritte, rastete, robbte weiter. Ich wollte gar nicht mehr zum Everest-Gipfel, es war, als ob ich dorthin *müsse*. Irgend etwas hatte mir Kraft und Richtung dazu gegeben. Ich wußte, was Peter dachte, und in meinem Bewußtsein konnte ich unser Da-sein nicht immer deutlich unterscheiden. Ich war nun Utopie, Bergsteiger und Everest-Gipfel in einem.
Diese Eindrücke habe ich teils an Ort und Stelle auf ein Minitonband fixiert, teils unmittelbar nach dem Abstieg aufgeschrieben. Erfinden kann man sie nicht, so unlogisch erscheinen sie. Es war da oben auch nicht mein Gehirn, das noch

"CROZ! CROZ!! COME HERE!"

wach war, auch nicht die Gehirnrinde; das noch sensible Etwas lag viel tiefer, im Bauch und im Inneren des Kopfes. Ich konnte das körperlich spüren.
Anders ist es mit später erzählten Todeszone-Erlebnissen und Nacherzählungen. Das Phänomen des Ausschmückens ist auch in der alpinen Literatur zu erkennen, und deshalb lasse ich fremde Geschichten hier weg. Nur noch die Rückmarschschilderung Hermann Buhls vom Nanga-Parbat-Gipfel will ich auszugsweise hier wiedergeben.
Obwohl ich weiß, daß Buhls Buch von Kurt Maix umgeschrieben worden ist, nehme ich an, daß die mir wichtigen Passagen so geblieben sind, wie sie Hermann Buhl erzählt hatte. Kurt Maix, der keine Höhenerfahrung hatte, hätte sie jedenfalls nicht erfinden können.

»Zwar fehlt mir jetzt der Biwaksack zum richtigen Kälteschutz und auch ein Seil, um mich vor dem Absturz zu sichern, aber trotzdem erweckt der Gedanke an die bevorstehende Nacht in mir kein Grauen. Ich bin von seltsamer Gelassenheit. Alles ist so selbstverständlich. Es muß doch so sein. Das gehört eben dazu! Fast gleichgültig sehe ich dieser Nacht in 8000 Meter Höhe entgegen. Natürlich hätte ich weiter oben viel bessere Möglichkeiten gehabt, hätte sogar liegen können, aber nun bin ich schon einmal hier!«
So beginnt für Hermann Buhl die Biwak-Nacht.
»Plötzlich erwache ich, reiße den Kopf hoch. Was ist? Wo bin ich? Erschreckt stelle ich fest: in einer steilen Felswand, schutzlos – am Nanga Parbat – unter mir gähnende Leere, ein schwarzer Abgrund. Doch dann kommt es mir wieder gar nicht so vor, als ob ich in 8000 Meter Höhe wäre, ich habe keinerlei Atembeschwerden mehr. Ich versuche, mich gewaltsam wach zu halten, aber immer wieder will mich der Schlaf übermannen. Ich döse ständig von neuem ein, und es ist nur ein Wunder, daß ich das Gleichgewicht nicht verliere ...
Noch stehen die Sterne am Himmel. Will es denn gar nicht

Tag werden? Sehnsüchtig schaue ich dort hinüber, blicke fast starr zu dem Streifen, hinter dem die Sonne hervorkommen muß. Endlich verblaßt auch der letzte Stern – es wird Tag! Bewegungslos lehne ich am Felsen, die rechte Hand hält sich immer noch an den Griff, und die linke umklammert eisern die Skistöcke. Die Füße sind wie Holzklumpen, die Schuhe gefroren, die Gummisohlen voller Reif. Die ersten Sonnenstrahlen treffen mich. Wie wohltuend das ist. Es löst die Erstarrung. Ich beginne wieder zu klettern, quere in den Riß zurück. Doch jetzt heißt es aufpassen! Es ist doppelt gefährlich, alles ist furchtbar glatt. Tiefer steige ich in die Rinne ab, endlos lang – noch immer nur mit dem einen Steigeisen, das andere ist in der Brusttasche meines Anoraks.«

Erst als es Tag wird, steigt Buhl weiter ab.

»In diesen Stunden höchster Anspannung erfaßt mich ein eigenartiges Gefühl. Ich bin nicht mehr allein! – Da ist ein Gefährte, der mich behütet, bewacht, sichert. Ich weiß, daß das Unsinn ist, aber das Gefühl bleibt . . . Eine steile Wand unterbricht die Rinne. Der Fels ist kleinsplitterig, brüchig. Ich muß die Handschuhe ausziehen, stecke sie in die Hosentaschen und versuche in die Rinne zu kommen. Doch alles bröckelt ab. Zu riskant erscheint mir das. Ein Rutscher, ein kleiner Sturz wäre mein Ende! Bestimmt würde ich auch den Gefährten mitreißen, den Freund – der gar nicht da ist . . . Jeder Meter muß vorsichtig abgeklettert werden.

Bei uns in den heimatlichen Bergen würde ich einfach in die Schneerinne springen! Ich steige wieder zurück, will wieder meine Handschuhe anziehen. Sie sind fort. Erschreckt frage ich den rätselhaften Begleiter: ›Hast du meine Handschuhe gesehen?‹

›Die hast du doch verloren.‹ Deutlich höre ich die Antwort. Ich drehe mich um – sehe aber niemand. Bin ich schon wahnsinnig?

Narrt mich ein Spuk? Deutlich vernahm ich doch die bekannte Stimme. Welchem meiner Freunde gehörte sie? Ich weiß es nicht. Ich kenne sie nur . . . Ich suche nach den Handschuhen, doch nirgends sind sie zu sehen. Sie müßten doch irgendwo liegen, oder sind sie die Wand hinuntergefallen? Nochmals durchstöbere ich meine Taschen, dabei fällt mir mit Schrecken die Tragödie von der Annapurna ein – doch da entdecke ich meine Reservehandschuhe. Nun ist die Situation wieder gerettet.

Ich steige weiter ab, komme auch zurück in die Schneerinne, quere aus ihr heraus und jenseits abermals in die Felsen. Rechts, fast in gleicher Höhe – die Bazhinscharte! Doch ich muß nun noch weiter hinab, bis zum Ende der Felsen. Und während des ganzen Ganges begleitet mich der Gefährte, den ich nie sehe und der doch so vertraut ist. Besonders an schwierigen Stellen ist dieses Gefühl betonter. Es beruhigt mich, es lullt ein: wenn ich stürze oder rutsche, hält mich doch der andere am Seil. Aber da ist kein Seil. Da ist kein »anderer«. Im nächsten Augenblick weiß ich wieder ganz genau, daß ich allein bin, und weiß auch, daß ich mir hier nicht die geringste Unachtsamkeit leisten kann . . .«

Wenig später hat Buhl Schwierigkeiten mit seinem Steigeisen.

»Ich schimpfe auf meinen Begleiter hinter mir, der mir dieses schlechte Eisen gegeben hat. Ich merke nun auch, wie er mir nachfolgt, immer hinterdrein!«

Vor dem Gegeneinstieg zum Gipfel rastet er.

»Mein Denken ist plötzlich wie ausgelöscht. Wie angenehm ist das doch! Ich reiße die Augen auf, schaue umher! Habe ich jetzt geschlafen? Ein Blick auf die Uhr, eine Stunde ist bereits vergangen. Wo bin ich denn überhaupt? Überall sehe ich Spuren, dort Steinmänner! Bin ich auf einer Skitour? Allmählich kommt es mir wieder zum Bewußtsein: ich bin am Nanga Parbat in fast 8000 Meter Höhe – allein! Und die Spuren – das sind ja nur Windverwehungen, und die Steinmänner dort – das sind Felstürme! Droben in den Felsen unter dem Vorgipfel höre ich Stimmen. Ruft mich jemand? Oder ist es nur der Wind? Vielleicht warten dort oben meine Freunde?«

Er steigt weiter ab und fixiert unentwegt den Silbersattel.
»Nun sehe ich Punkte. Täuschung? Nein, das müssen die Freunde sein. Ich will rufen, jauchzen, bringe aber keinen Laut heraus. Aber die anderen kommen. Soll ich auf sie warten? Doch die Entfernung ist zu groß – ich gehe ihnen entgegen. Schritt für Schritt, müde, stolpernd, mechanisch. Als ich wieder über die wellige Schneefläche blicke, sind die Punkte verschwunden – grenzenlos die Enttäuschung . . . doch – da sind die Punkte wieder – nein – abermals ist die Schneefläche dort draußen leer! Narrt man mich? Allein stehe ich in dieser schier endlosen Weite, dieser hoffnungslosen Eiswüste.«
Später hört er Stimmen seinen Namen rufen.
»›Hermann – Hermann!‹ Ich höre sogar, wie sich Leute unterhalten! Aber zu sehen ist nichts. Täuschen mich die Sinne? – Halluzinationen? Ist dies der Anfang vom Ende – das Ende selbst? Wo mag wohl der Rucksack liegen? Ich kann ihn nicht finden.«
Am Abend – er kämpft sich mit letzter Energie weiter – taumelt er dahin.
»Ich bin nicht mehr ich – nur noch ein Schatten – ein Schatten hinter einem Schatten.«
Aus diesem letzten Satz spricht deutlich ein Ausleibigkeitserlebnis. Natürlich könnte man dieses und andere »Ungereimtheiten« in Buhls Schilderung mit der geringen Sauerstoffversorgung des Gehirns erklären.
Der geringe Partialdruck der Luft in der Todeszone bewirkt eine äußerst verringerte Durchblutung des Gehirns und das Absterben von Millionen von Gehirnzellen. Doch übernehmen vermutlich andere, bis dahin nicht genutzte, die Funktionen der abgestorbenen »Kanäle«.
Interessant ist nun, daß Buhl dieses starke Gefühlserlebnis nicht in der sauerstoffärmsten Zone, also nicht am Gipfel, hatte, sondern sehr viel tiefer.
Es wirft sich daher die Frage auf, ob mit dem Absterben des Gehirns und des ganzen Körpers in großer Höhe der Wunsch

nach menschlichem Kontakt zunimmt. Warum sonst die vielen Halluzinationen – fiktive Partner, Menschen, Helfer?

Felix Kuen berichtete nach dem Gipfelgang zum Nanga Parbat über die Rupalflanke 1970:
»Im unteren Teil der Merkl-Rinne war ich oft minutenlang in einem Trancezustand. Plötzlich sah ich Hunderte von kleinen Männchen zum Lager V aufsteigen. Es waren Japaner. Sie wollten über unseren Aufstieg den Gipfel stürmen. Unseren Gipfel! Meinen Gipfel! Ich rief Peter Scholz zu: ›Da kommen die Japaner! Siehst du sie?‹ ›Du spinnst!‹ sagte Peter, ›du bist verrückt!‹ Und dann sah ich wieder klar.«

Vielleicht kann man all diese »Phänomene« später einmal erklären mit Wahnvorstellungen, ausgelöst durch extremen Sauerstoffmangel im Gehirn. Ich bin überzeugt davon, daß dies teilweise der Fall ist. Doch viele Empfindungen sind – meine persönlichen Erlebnisse sagen mir das – nur möglich, weil mit dem träger werdenden Intellekt andere Ebenen in uns zum Schwingen kommen.
Wie wäre ich dort oben sonst intuitiv zu Erkenntnissen gekommen, zu denen ich im Tal rational nicht fähig war?
Man kann aber nicht immer in der Todeszone bleiben, man muß wieder absteigen. Verlieren sich damit auch die gewonnenen Erkenntnisse?
Ja, sie verflüchtigen sich, sind rational nicht mehr greifbar. Aber, die Höhe überblickt die Tiefe, die Tiefen kennen die Höhen nicht. Aufsteigend, die Schwierigkeiten des Weges abschätzend, sieht man; beim Abstieg, sieht man nicht mehr, man weiß, wo es lang geht. Man hat gesehen. Wer höher oben war, kann sich unten leichter orientieren, aus der Erinnerung, dem Blick von oben. Man kann sich also auch dann noch auskennen, wenn man nicht mehr sehen kann, wenn man von oben her weiß.

# Nirwana - wie im Steingarten von Kyoto

MIKE BURKE.

Als Peter Boardman und der Sherpa Pertemba am 26. September 1975 vom Gipfel des Mount Everest abstiegen, kam ihnen im Nebel eine einsame Gestalt entgegen: Mike Burke, Kameramann der britischen Everest-Südwestwand-Expedition. Mit der linken Hand fingerte er an seiner Sauerstoffmaske, mit der rechten hielt er sich am Pickel fest. »Jetzt ist es zu spät«, sagten die beiden Absteigenden, und zudem wurde das Wetter schlecht. Nurmehr vierzig Fuß Sicht. Mike Burke aber wollte weiter, er wollte zum Gipfel.
8000 Kilometer von Europa entfernt, etwa 8800 Meter über dem Meeresspiegel, an der Grenze zwischen Nepal und Tibet, setzte ein kleiner Mann aus London, seit Jahren Expeditionsbergsteiger, den Aufstieg zum höchsten Punkt der Erde fort. Das Gesicht um Jahrzehnte vorgealtert, die Lippen aufgerissen, der Atem ging stoßweise, keuchend. Die letzten Schritte zum Gipfel. Da oben ist jeder ganz verlassen.
Mike Burke verließ auch das Glück. Er verschwand im Nebel und ward nie mehr gesehen.
Als ich knapp drei Jahre später vom Everest-Gipfel absteigen wollte, fiel mir dies nicht leicht. Ich war, da Peter Habeler schon vor mir abgestiegen war, allein, fühlte mich aber nicht hoffnungslos einsam. Ich weiß nicht warum, aber ich wäre gerne länger geblieben, vielleicht für immer.
Seit Jahren frage ich mich, warum ich immer wieder auf den Gipfel muß, zum Endpunkt. Ich denke, daß jeder Mensch zum Gipfel will, ich meine damit nicht unbedingt den Gipfel eines Berges, sondern Punkte, wo ein Ende ist, wo alle Linien zusammenlaufen und die Materie sich verjüngt, förmlich entstofflicht. Diese Punkte, in denen, wenigstens symbolisch, die Welt zum Nichts wird, diese Endpunkte, wo alles abgeschlossen ist, üben eine magische-magnetische Anziehungskraft auf mich aus.
Am Nanga-Parbat-Gipfel notierte ich am 9. 8. 1978: »Ich habe oft gedacht, wie es wäre, wenn ich auf so einem Achttausender einfach sitzen bliebe. Ist nicht der geheime Sinn des Bergstei-

gens oben zu bleiben? Nicht wieder zurückzukehren in die Welt, die man gerade erst mühsam hinter sich gelassen hat?«
Heute noch weiß ich nicht, was die letzten Motivationen beim Gipfelaufstieg zu einem Achttausender sind. Nur, einmal oben, kostet es mich Überwindung, wieder abzusteigen. Und dies nicht nur wegen der Müdigkeit. Mit dem Abstieg beginnt sich für mich nicht selten eine Leere in mir aufzutun – eine verlorene Utopie –, die auch durch das Erfolgsbewußtsein nicht ausgefüllt werden kann. Am Gipfel selbst habe ich schon öfters eine andere Leere erlebt, eine befreiende Leere, die mein ganzes Sein erfaßte. In meinem Buch *Die Herausforderung* habe ich diesen Zustand so beschrieben:
»Wir saßen am Gipfel, im Mittelpunkt eines unendlichen, leeren Raumes. Tief unten in den Tälern lag milchiger Dunst. Der Horizont um mich wuchs wie die Leerheit in mir. Und meine tiefen Atemzüge verdichteten sich zu spontanen Erscheinungen in einem reinen, visionären Kreis. Mit einem unbeschreiblichen Gefühl der heiteren Gleichgültigkeit erwachte ich aus diesem Zustand der Harmonie, aus einer Art Nirwana.«
Dieselbe Stimmung überfiel mich im Steingarten von Kyoto, einem japanischen Kunstwerk, das nur aus einer tennisplatzgroßen Fläche mit gefurchtem Sand und verschieden großen Steinen besteht und als Ort der Meditation gedacht ist. Vielleicht war ich auf hohen Gipfeln oft zu erschöpft, um mir dieser inneren Ruhe, dieses Eingetauchtseins in die Welt bewußt zu werden.
Wenn ich einmal in Gipfelnähe bin, ist es, als ob ich dorthin müsse, um wieder in ein seelisches Gleichgewicht zu pendeln, der höchste Punkt ist dann unverfehlbar.
Mike Burke kann, nach meinen Erfahrungen, nicht in Gipfelnähe abgestürzt sein. Beim Aufstieg nicht, weil ihn da der Endpunkt wie magnetisch anzog, beim Abstieg nicht, weil er im Erfolgsbewußtsein hinunter wollte. Ob er in einer Art Vergessenheit oben sitzen geblieben ist?

THE SUMMIT OF THE MATTERHORN IN 1874 (NORTHERN END).

Hermann Buhl kam vom Gipfel des Nanga Parbat zurück, weil er oben gewesen war; wenn er knapp unterhalb des höchsten Punktes gescheitert wäre, hätte er den unmenschlichen Abstieg wahrscheinlich nicht überlebt. So ist seine Rückkehr für mich der Beweis, daß er den Gipfel erreicht hatte. Den Gipfel, jenen Traumpunkt, den er berührte und von dem er sich rechtzeitig hatte lösen können.

Der Weg bis zu einem Achttausender-Gipfel ist weit, er findet Parallelen im menschlichen Leben und auch im Sterben. Zuerst einmal gehört der vitalemortale Entschluß dazu, das Abenteuer zu wagen. Dann löst sich der Bergsteiger von der gewohnten Umgebung, durchwandert tiefe Schluchten, hört sonderbare Geräusche und erkennt sich und seine Begrenztheit oft in nebelhaftem Licht.

Er gewinnt Abstand zur zurückgelassenen Welt, zu sich selbst, wird sein eigener Beobachter. In Gedanken kehrt er häufig zu seinen Lieben und den Orten von früher zurück. Er sieht nun sein Leben klarer und wahrer, von großer Entfernung, auf einer Fläche; wie von außen.

Je höher er kommt, um so heller und klarer sieht er sich, seine Sinne sind verfeinert. Der Gipfel, dem er so viel Begeisterung entgegenbringt, fällt ihm förmlich zu. Der Bergsteiger fällt in eine Art Strahlenpunkt hinein und kann sich in einer Art Nirwana verlieren.

Am Gipfel oder nachher überkam mich niemals ein Gefühl der Verlorenheit, obwohl man da oben, mehr als 8000 Meter über dem Meeresspiegel und völlig getrennt von der übrigen Welt, so allein ist wie nirgends sonst.

In dieser unberührten Welt beherrschen mich auf der einen Seite wirkliche Wahrnehmungen von Wolken, Tälern, Tiefen und Weiten, auf der anderen seelische Empfindungen und Erleuchtungen, die mit diesem Naturschauspiel scheinbar nur wenig zu tun haben. Öfters schon kam ich mir, nach einem Achttausender wieder in den Niederungen, geistig wie neu geboren vor. Ich sehe deshalb die Erkenntnisse, die ich aus

THE BERGSCHRUND ON THE DENT BLANCHE IN 1865.

Erlebnissen in großer Höhe gewann, nicht als wahnhaft oder halluzinatorisch an, sondern als tiefere Wahrheiten.

Man muß aber nicht unbedingt in große Höhe vorstoßen, um zu erkennen. Allein schon ein längerer Aufenthalt in den Bergtälern Pakistans oder Nepals verändert meine Grundstimmung.

Ich werde ruhiger, emotionaler.

Wenn ich für immer dort bliebe, fühle ich, könnte ich aufs Bergsteigen sogar verzichten. Der Marsch ins Nirwana ist also auf verschiedenen Wegen möglich.

Todeszone-Erlebnisse aber können – wie die vieldiskutierten Sterbe-Erfahrungen – eine sehr wichtige Stufe auf der Leiter zu neuen Bewußtseinsbereichen sein.

Die Kunst dabei ist es, über dem nächsten Schritt den Gipfel nicht aus den Augen zu verlieren und umgekehrt vor lauter Gipfelstreben nicht über den nächsten Stein zu straucheln. »Der Mensch stolpert über Maulwurfshügel und nicht über Berge«, sagte Konfuzius.

Der letzte Schritt hängt vom ersten ab, der erste vom letzten.

# Alpinkitsch - zwischen Grab und Gipfel

»Ein Morgen im späten August, kühl und noch voll Stille. Am aufdämmernden Himmel verblaßt die schmale Sichel des Mondes, gleich sind die letzten, mattfunkelnden Sterne erloschen. Die Nacht weicht einem jungen Tag, aus dem vergehenden Dunkel tauchen schattenhaft und majestätisch die Berge. Ein seltsamer, traumhafter Zauber liegt über der erwachenden Natur. Irgendwo, tief unten im Tal, kündet eine Kirchturmuhr mit fernem Ton eine frühe Stunde. Der östliche Horizont beginnt sich zu färben, nacheinander wandelt sich das Blau der Nacht in graues, violettes, schließlich gelblichgrünes Aufschimmern, das dann im ersten Tageslicht zerfließt.
Auf einem zweitausend Meter hoch gelegenen Almboden steht in grandioser Einsamkeit, unscheinbar und verwittert, eine kleine Schutzhütte, mit Strohsack und Herdstelle, gut genug für eine kurze Bergnacht. Wir verlassen sie lange vor Sonnenaufgang, im Blickfeld unseren Gipfel, den über eine fast sechshundert Meter hohe Wandflucht zu erobern wir uns vorgenommen haben.
Über taufeuchten, schrofigen Grasboden steigen wir zügig bergan. Nach einer guten Stunde erreichen wir den Fuß der Wand. Durchzogen von senkrechten Flanken steht sie wuchtig, drohend und imposant zugleich vor uns, mehr verlockend als abweisend.
Wir setzen uns zu kurzer Rast. Die ersten Sonnenstrahlen sprühen wie goldener Regenschauer über den weiten Raum. Ringsum recken ungezählte Gipfel ihre bizarren Formen in den hochgewölbten Himmel. Schatten über den Tälern und ihren Wäldern, durchwoben von silbrigem Morgendunst.
Wir seilen uns an, rüsten uns aus mit Mauerhaken, Karabinern, Kletterhammer und Trittschlinge, sind bereit zum herrlich schönen Kampf mit dem Berg.
Einstieg. Das Felsgemäuer umfängt uns. Ein steinerner Riese bäumt sich vor uns auf, so gerade, daß wir den Kopf tief in den Nacken legen müssen, um seinem Wuchs zu folgen.

Schnell sind wir mit ihm vertraut. Die Berührung mit dem festen, sonnenwarmen Gestein, das Spiel mit der Gefahr zwischen Himmel und Erde, das Emporklimmen, höher und höher, mit Mut und Kraft hinauf in die sternennahe Freiheit eines Gipfels, das entzündet in uns, wie schon so oft, eine berauschende, sehnsüchtige Leidenschaft.
Die Zeit verrinnt in die Tiefe. Wir überwinden Risse, Kanten und Platten. Die halbe Wandhöhe liegt schon unter uns. Keuchender Atem, krachender Steinschlag, Hammerschläge, Karabinerklirren, Ruf und Antwort fallen in das große Schweigen des Hochgebirges. Bergdohlen umsegeln uns in fast greifbarer Nähe, durchschneiden mit schwarzglänzenden Schwingen zischend die Luft, entschwinden im Aufwind gipfelwärts. Unter uns gähnt eine immer größere Tiefe, über uns wolkenloses, seidiges Blau, dicht an unserem Gesicht vorbei türmt sich weißgrauer Fels. Hoch hinausgehoben über den Alltag sind wir eins mit dem Berg.
Prüfend und suchend tasten unsere Hände über das rauhe Gestein, klammern sich fest, krallen sich ein, die Füße schleifen vorsichtig von Stand zu Stand, mit Armzug und Beinschub, spreizend und stemmend arbeitet sich der Körper Meter um Meter hinauf. Die Fingerspitzen brennen schon ein wenig, die Muskeln werden härter.
Wir haben die Schlüsselstelle unserer Kletterroute erreicht. Ein überhängendes Wandstück, glatt wie Glas und senkrecht wie eine Mauer, unterbricht hier den strengen Faltenwurf des Felsaufbaues. Wir verschnaufen ein paar Minuten, schätzen ab, suchen die beste Möglichkeit, entdecken einen fingerbreiten, messerscharfen Riß als einzigen Halt. An seinem oberen Ende steckt ein Mauerhaken, zurückgelassen von Kletterern vor uns. Der Kamerad klettert voraus. Es dauert Minuten, bis er über die Felswölbung hinweg den Mauerhaken zu fassen bekommt und ich das Einschnappen des Karabiners höre. Jetzt hat er den Überhang geschafft, entschwindet meinem Blick, das Seil läuft Meter um Meter ab nach oben. Ich stehe

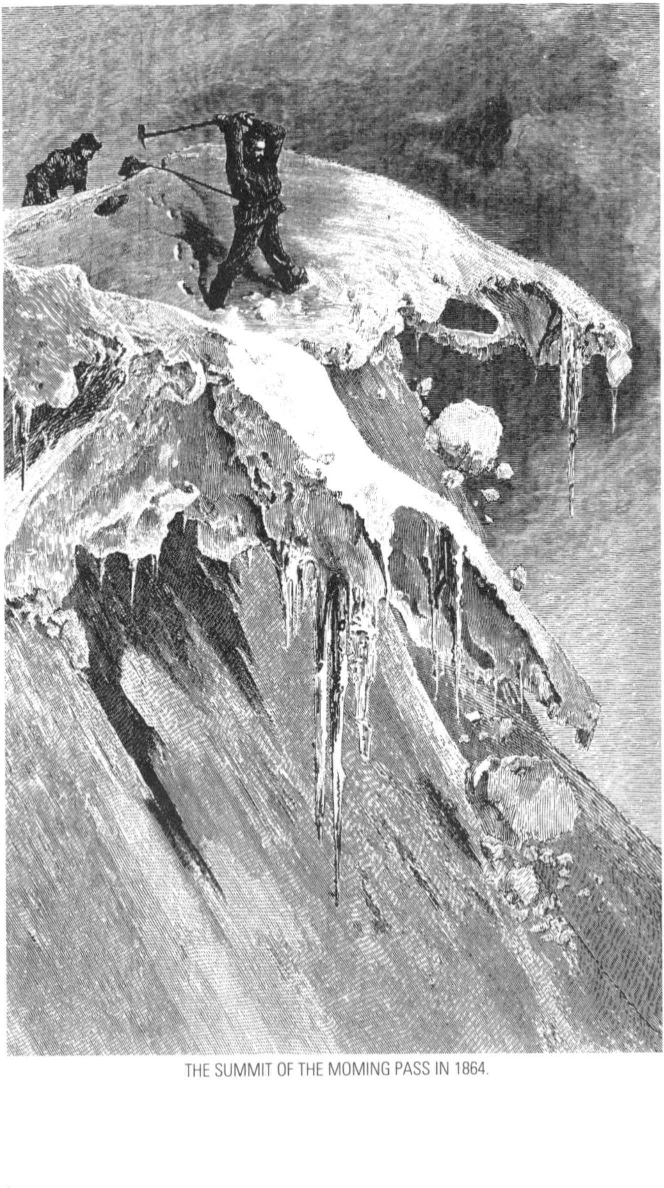

THE SUMMIT OF THE MOMING PASS IN 1864.

sehr ausgesetzt und unbequem an der Wand, das Seil ist fast abgelaufen, da erreicht mich endlich der Ruf ›nachkommen‹. ›Ich komme‹, antworte ich nach oben.
Der bauchige Felswulst, den es zu überwinden gilt, drückt mich nach rückwärts hinaus ins Leere, mein ganzes Körpergewicht hängt an den in den schmalen Riß eingehakten Fingerspitzen, für einen Fuß findet sich eine winzige, aber rauhe Kerbe, der andere muß in der Luft baumeln. So versuche ich mich hochzuziehen, recke und strecke mich, immer wieder, es muß mir gelingen, den Karabiner, der etwa einen halben Meter über mir am Mauerhaken hängt, zu greifen. Mein hochgerissener Arm verfehlt ihn um zwei, drei Zentimeter. Mit ungeheurer Kraftanstrengung versuche ich mich zu verlängern, es knackt in den Gelenken. Meine Beine fangen an zu vibrieren, beißender Schweiß perlt mir über das Gesicht. Ich klebe am Gestein, weiß um die Bedenklichkeit meiner Situation, befehle mir Ruhe und Konzentration. Mein Kopf scheint zu zerspringen unter dem Druck der Anstrengung, einen Lidschlag lang überfällt mich ein trostloses Gefühl des Verlorenseins. Mein Blick schießt in die Tiefe, rasend klopft das Herz. Nein! Ich will nicht! Nicht fallen ..., festkrallen ... nicht loslassen ... Vor meinen Augen tanzen Funken. Da, ein Flugzeug, ganz nahe dröhnt es über den Berg, über unseren Gipfel hinweg, sicher, mühelos ... mein Gott – Gott? Zu Hause ... wenn die wüßten ... ich erzähle nichts ... keine Kraft mehr ... aus ... Ende ... hochreißen ...! schnell!! Karabiner packen ... hinaufrufen ... Seilzug ... Zug!! ... Vorsicht! Halten, halten!!
Ich höre mich schreien, sehe meine Arme steil in die Luft gestreckt, an der rechten Hand den ausgebrochenen Mauerhaken – wie rostig er ist – mit dem Karabiner, durch den das Seil läuft ... packe es, kratze und scharre am Fels hinunter ... einen Halt ... wo ist ein Halt? ... bewußtlos werden ... bewußtlos ... Grenzsekunde ...
Ein schmerzhafter Ruck – Halt! Bleischwer hänge ich am Seil,

das mir bis unter die Achseln heraufgerutscht ist. Arme und Hände sind blutig aufgeschürft, das Atmen sticht, Zittern von Kopf bis Fuß. Bin also ins Seil gefallen. Mehr Glück als Sturz, nur ein paar Meter, sehe ich, fünf oder sechs . . . eben war ich doch noch an dem schwierigen Überhang . . . dazwischen eine kleine Ewigkeit . . . nein, ein paar Sekunden nur, aber durchblitzt von tausend Gedanken –

Ich bemerke, daß der Kamerad von oben ein klein wenig am straffen Seil zieht. ›Hallo, verletzt?‹ höre ich ihn fragen. Ich sage nur ›es geht schon‹ und, so laut ich nur kann, ›Seil anziehen, anziehen!‹, denn ich sehne mich plötzlich unbändig in die Welt zurück und dazu führt jetzt der Weg noch recht mühsam nach oben. Ein hartes Stück Arbeit für uns beide, für mich schmerzhaft dazu. Ich erfahre, daß ein zweiter Haken oben beim Kameraden und dessen zusätzliche Seilsicherung um einen Felskopf meinen Sturz aufgefangen hatten. Übrigens lassen wir an diesem Tag noch manchen Eisenhaken am Berg, um durchzukommen. Und ich muß viele Pausen einlegen.

Nach vielen Stunden reichen wir uns auf dem Gipfel sehr erschöpft und glücklich die Hände. Ohne ein Wort. Im Westen verglüht die Sonne.

Nach einer kleinen Weile steigen wir schweigsam und ohne Hast in anderer Richtung über Schrofen und Geröll ins Tiefland.« C. K.-B.

Das ist einer der vielen Berichte, wie sie mir auf Anforderung zum Thema Sturzerlebnis zugegangen sind. Er enthält eine Reihe von Klischeevorstellungen übers Bergsteigen, wie sie seit einem guten Jahrhundert breitgetreten werden, viel Morgenrot und Glücklichsein, aber nur wenige persönliche, seelische Empfindungen.

Ich glaube, daß viele Bergsteiger so sehr im gängigen Alpinkitsch verfangen sind, daß sie vor lauter Bergeseroberung – »aufi mueß i« – sich selbst nicht finden oder aus falscher

Scham – »das erzählt man nicht« – ihre Innenwelt verschweigen.
War früher der Berg die große Unbekannte, so ist dies heute für mich der Mensch, der Mensch mit seinen Ängsten, Träumen und verschiedenen Bewußtseinsstufen.
Was sich zwischen Durchkommen und Umkommen abspielt, wird vielfach mit Worten wie ›Todesmut‹, ›Liebe zu den Bergen‹, ›Angst‹ und ›Gipfelglück‹ beschrieben. Wenn jemand eine neue Einstellung zum Sterben gewonnen hat, geht er von nun an mit Todesverachtung die Wände hoch, und der Alleingeher, der »dem Tod ins Antlitz blicken« will, hängt nur mit den Armen an einem Überhang, die Beine in der Luft.
Kein Wunder, daß uns viele Außenstehende als Wesen mit »affenartigen Verhaltensmustern« (*Spiegel* über Bergsteiger) ansehen und über die Bergsteigerei nur den Kopf schütteln.
Wann werden die Menschen es endlich aufgeben können, die Natur (die Berge) zu erobern, zu unterwerfen, zu bezwingen . . ., zu vergewaltigen – und damit zu zerstören!
Wenn ich an die vielen »Gipfelsiege« der letzten Jahre denke, könnte mir übel werden. Sieg worüber oder über wen? Sieg für wen? Und die dazugehörigen Buchtitel: »Kampf und Sieg am Nanga Parbat«, »Sieg am Everest«, »Der einsame Sieg«.
Also doch Bergsteigen als Ersatz für den Krieg? Bergsteigen als Männerspiel?
Daß viele Bergsteiger in ihrem ungebrochenen Männlichkeitswahn glauben, der Grenzbereich der Achttausender und der Senkrechten gehöre nur ihnen, ist in unserem Jahrhundert zwar verwunderlich, aber eine Tatsache. Dabei ist die Frau so lange unterdrückt worden, daß sie gar nicht auf die Idee gekommen ist, sie könnte genauso gut, wenn nicht besser bergsteigen als der Mann. Für uns Männer gelte es vor allem beim Bergsteigen, die weibliche anima-Seite in uns zu entwickeln und nicht den Übermenschen zu spielen. Lammer sah sich wohl als solcher:

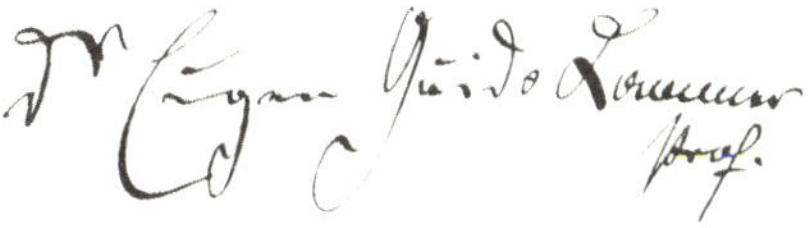

("DR. EUGEN GUIDO LAMMER, PROF.")

»Aber den Labebecher der stolzen Tat, des Ringens Brust an Brust mit der Gefahr, den stürzte meine lebensdurstige Seele in vollem Zuge hinab. Einige schwere Unfälle, wenn ich mich ihrer auch wegen alpintechnischer Fehler schäme, wurden mir in der Erinnerung zu kostbaren Perlen, die mein sonst matt-leuchtendes Leben mit den magischen Strahlen des Jenseits umschimmern. Ich weiß, als schaffender Künstler, als glücklicher Forscher oder Erfinder, als Organisator hätte ich ebenso heilende Arzneien gegen Pessimismus und Allverneinung gefunden; aber da mich mein Schicksal nicht solche Wege geführt hat, so verdanke ich dem Alpinismus diesen Stein der Weisen, diese Seelenrettung.«

Bergsteigen heißt für mich auch Eintauchen in die Natur, sie verstehen und mit ihr kooperieren, sich eins fühlen mit allem Lebendigen. Auch den Berg verstehe ich als etwas im Lebensprozeß Befindliches, als ein Stück Natur. Und mich interessiert nicht so sehr wie diese aussieht, sondern wie ich sie erlebe, wie ich mich in ihr erlebe.

Um bewußt zu erleben, braucht man einen Minimalsatz an Rationalität und das Offensein für authentische Erfahrungen. Wer schon von vornherein weiß – weil so gelesen oder gehört –, was sich im Grenzbereich der Todeszone abspielt, hat es schwerer, sich seiner eigenen Empfindungen bewußt zu werden. Bewußtsein überhaupt aber braucht wieder *anderes* Bewußtsein, und so ist eine Beschreibung vieler alpiner Grenzbereich-Erlebnisse noch sehr, sehr schwierig.

Da ich überzeugt davon bin, daß Eugen Guido Lammer neben vieler vortrefflicher Aufklärungsarbeit auch viel zu den gängigsten Klischeevorstellungen zum Thema Bergsteigen beigetragen hat, zitiere ich ihn am Ende dieses Kapitels.

So klar Lammer gesehen hat, er wurde oft falsch interpretiert, und sein Bergsteigen war eben auch mehr heroischer Kampf als Egotrip. Er hat eine neue Schule des Alpinkitsches begründet.

»Ich weiß kein menschliches Tun, das in tausend immer neuen Verwicklungen alle Kräfte des Leibes und sehr viele des Intellekts und der Seele oft bis auf ihre letzten Reste aufruft und so vielseitig anspannt wie der Einzelkampf mit schwierigem Hochgebirge; kaum jemals sonst werden unsere Gefühle so vom Grund aufgewühlt, unser Wille so geschmiedet und gehärtet wie durch ihn. Er überragt nicht nur alle anderen Sporte und Spiele, bei denen entweder der Einsatz nicht so hoch oder der Gegner nicht so würdig ist, oder die nur gewisse Muskelgruppen oder gewisse Geisteskräfte oder den Körper allein oder den Geist allein zum Kriegsdienst einberufen, sondern das Alleingehen im Gebirge bietet auch einem humanen und doch kräftigen Zeitalter edlen Ersatz für den einstigen ritterlichen Kämpfersport oder die blutige Jagd.«

Natural High – im Gegensatz zum Hoch mittels Drogen

Wie viele haben das Bergsteigen nach einem Sturz aufgegeben? Die allerwenigsten. Die meisten, wie sie selbst berichten, haben sich in ihrer weiteren Tourenplanung nicht einmal durch scheinbare Todesstürze beeinflussen lassen. Viele sind die »Todeszone-Tour« noch einmal gegangen. Hermann Buhl hat wenige Jahre nach seinem Grenzgang am Nanga Parbat einen zweiten Achttausender versucht – und bezwungen. Ich selbst, obwohl von meinem ersten Achttausender mehr tot als lebendig ins Tal zurückgekehrt, bin noch acht weitere Male zu einem Achttausender aufgebrochen.
Auch Lammer, der sich gerade noch aus einer Gletscherspalte hatte retten können, bereute seinen Sturz nicht. Im Gegenteil, gerade dieses sein »Todesnähe-Erlebnis« schien ihn zu neuen, noch wahnwitzigeren Bergtouren anzuregen, ohne daß er dabei in seinem Übermenschen-Wahn konkret dieselbe Todesgefahr suchte.

»Sie wollen, daß ich jetzt ein Wort aufrichtiger Reue stammle, weil ich ohne Seilversicherung ins Eisgebirge gegangen bin. Mir aber schiene das Hochverrat, mein Tun zu bedauern und zu verleugnen. Quillt es doch in meinem Herzen vielmehr auf wie heißer Dank: Dank euch, ihr tief verhüllten Wesen, die ihr über meinem Schicksal waltet, die ihr zu meinem kleinen Ich redet in mächtigen, geheimnisvollen Trieben. Dank, daß ihr mich von allen süßen Genüssen den süßesten, den das Leben bietet, habt verkosten lassen: vom Becher des Todes nippen zu dürfen. Denn die wahre Todesgefahr ist ein Göttergeschenk.

THE RIGHT WAY TO USE THE ROPE.

Der elende Mensch, der die Furcht nicht mehr kennt, die *Todesangst*, diesen wundersamen *Nervenpfeffer!* Auf viele Freuden der Erde will ich leicht verzichten, aber nehmt mir die Furcht, und das Dasein ist öd und langweilig geworden bis zur Lebensmüde!
Seit mich aber ein hoher Wille in den eisigen Schlund gestürzt und damit begnadet hat, mich aus eigener Kraft befreien zu dürfen, fließt es durch meine Seele wie ein glühender Lavastrom der Lebensfreude: Das Leben, das die andern Menschen wie ein Gewohnheitsding gleichgültig abhaspeln, mir blüht es als ein ganz neues, ein positives Gut, dessen Wert ich fühle in jeder Minute.
Und wenn ihr mich fragt: ›Möchtest du das Geschilderte nochmals erleben?‹, so muß ich als ehrlicher, schwacher Mensch sagen: ›Um des Himmels willen, nein!‹ – ›Ja, du widersprichst dir doch!‹ sagt ihr darauf. Es ist wirklich so: Die Todesgefahr klaren Geistes durchlebt zu haben, zähle ich zu den größten Wonnen, zu meinen köstlichsten Schätzen, und ich wollte um keinen Preis diese Erinnerung missen – und die gleiche Gefahr wieder durchleben, um keinen Preis vermöchte ich das, bleiches Beben faßt mich beim bloßen Traum. Das ist ein unlösbarer Widerspruch; aber ich liebe solche Widersprüche und lasse sie mir nicht durch seichtes Kluggeschwätz verkleistern. Denn sie führen zu abgrundtiefen Fragen.«

Die Tatsache, daß im Grenzbereich der Todeszone, kaum Angst empfunden wird, daß dabei aber neue Bewußtseinsebenen sich auftun, scheint sie zu einem der wichtigsten Stimuli der Bergsteigerei zu machen, unterbewußt auch für den, der sie noch nicht kennt. Todesgefahr als »Stoff«? Bergsteigen als Weg dazu? »Die Berge und ihre Gefahren als Seelenbedürfnis?«, wie sich der Jugoslawe Francè Avòin ausdrückt:
»›Der Tod in den Bergen ist kein Heldentod, sondern der Tod

eines dummen Jungen‹, sagte Kugy. Den Betrunkenen und Irrsinnigen wird jedoch oft verziehen. Und ist echter Alpinismus nicht eine Trunkenheit, die Bergtrunkenheit?
Ich betrat die tiefen Fußstapfen. Die Hitze hatte den Schnee zu sulzigem Eisbrei zergehen lassen. Tief stieß ich den Pickel ein, bis er an die harte Unterlage auftraf. Noch einige Schritte und drüber ist man, keine halbe Stunde noch und wir trinken unseren Durst tot, in der Hütte, mit jenem wunderbaren Beaujolais! Da auf einmal ein Zischen, vorne, hinten, über mir, rundherum, die Füße verlieren Halt. Schneerutsch! Eine Lockerschneelawine nimmt mich mit, erbarmungslos geht es dem bläulichen Rachen im Hange zu. Nein! Nein, es ist nicht wahr. Verrat, alles in mir empört sich dagegen, wie toll stoße ich am Bauch liegend die Haue vor mich, sie greift nicht, dieser abscheuliche Brei, der hinterlistige Matsch zieht mich hinunter, wo ist das Seil, nicht da, Daro hat es, ich brülle ihm zu, weiß nicht was und warum, gleite weiter, immer weiter, kann nicht, keine Hilfe, die Füße schon in der Luft, Knie am Rand, jetzt bis zur Hüfte, oh, und gerade jetzt, unser kaum geborenes Söhnchen zu Hause, ich folge dem verstorbenen Klein Martin, meine arme Frau, gute, zu gute, das grüne Eis schießt an den Augen vorbei, fürchterlich erfaßt es den Kopf, dann alles rot, schwarz, Schatten, Ruhe und Ende.
Banal. Die Katastrophen geschehen für den Beobachter auf banale Weise, keinesfalls dramatisch. Nur ein einziger Schritt, und man schwebt inmitten der Vergangenheit und – Ewigkeit. Wer da behauptet, daß der Fall, der Tod am Berg schmerzt, der hat ihn noch nie gespürt. Furchtbar ist er dagegen so sehr, dieser letzte Zusammenstoß von Leben mit Tod, daß er sein Opfer mit eisigem Griff völlig lähmt, auch die schwersten Beschädigungen fühlst du nicht, zum Glück so. Wir, die wir schon gestorben, wir wissen es, wissen für immer. Der Blitz schlägt zu im Augenblick, seine Spur bleibt aber ewig. Leben – Tod, nur ein kurzer Gedankenstrich liegt dazwischen. Wer aber zurückkommt, der ist nicht mehr wie die anderen, das

DARSTELLUNG EINER LAWINE UM DIE JAHRHUNDERTWENDE.

sengende Stigma trägt er, alles Weitere ist ihm, dem Toten auf Urlaub, nur geschenkt.
Lange Tage im Krankenhaus. Neben mir liegt ein Bergführer, ganz in Gips, ganz zerbrochen und gebrochen. Hundert Male führte er auf die Aiguille de L'M., hundertmal hat ihn der eingeklemmte Stein gehalten, das hundertste Mal gab er nach, und ein Lebensberuf ist zu Ende.
Was kann er von der Zukunft erwarten? Uns beiden erstrahlen durch die Fenster die Aiguilles, jetzt wunderschön, fortwährend sonnenklar. Tantalusqualen! Es gibt wohl kaum eine schwieriger erträgliche Bergkrankheit als Bergmangel.«

Dasselbe gilt für den Süchtigen. Also Bergsteigen eine Sucht. Sehnsucht – Habsucht – Seinssucht.
Ich denke, daß der jugendlich-sportliche Wunsch, seine Tourenliste mit möglichst vielen berühmten Touren, die man »gemacht haben« muß, zu füllen, mit zunehmendem Alter verblaßt. Diese Art von Habsucht grassiert in vielen Kletterklubs, und sie ist typisch für unser westliches Leistungsdenken.
Im Gegensatz dazu die Seinssucht, der Wunsch intensiv zu leben. Diese Lebenssteigerung begründet das euphorische Glück, von dem viele Bergsteiger immer wieder sprechen. Der daraus resultierende Wunsch, diesen Zustand immer wieder zu erleben, kann in einem »Sog von oben« gipfeln. Nicht selten das Bedürfnis, oben zu bleiben in diesem nirwanaartigen Befreiungs- und Glückszustand.
Auch Georg Winkler, der siebzehnjährige Student, der wenig später am Weißhorn zu Tode kam, spricht in einem Brief an Lammer von diesem Sog:

»Die Gefahr und die unendliche Großartigkeit des Hochgebirges in ihrer Vereinigung sind es, die uns dämonisch anlokken.«

GEORG WINKLER.

Luis Trenker hat diesen »lockenden Dämon« im Film auch dem Nicht-Bergsteiger zugänglich gemacht: »Der Berg ruft« – »groß und mächtig – schicksalsträchtig«.
Mir geht es hier nicht darum, die Berge als Magnete, wie sie zunehmend mehr Kopfschütteln hervorrufen, wieder mit Anziehungskraft zu beleben. Ich bin nur der Frage nachgegangen, warum Menschen, die in den Bergen den Grenzbereich Todeszone erlebten, dabei sogar glaubten zu sterben (irrtümlicherweise natürlich), zu eben diesen Bergen zurückkehren.
Ich bin überzeugt davon, über diese Brücke der Motivationsfrage beim Bergsteigen ein gutes Stück nähergekommen zu sein. Auch wenn der Bergsteigergeist unserer Zeit gegen diese Erklärungen eingestellt ist und viele mit ihren »diesbezüglichen Erlebnissen« zurückhalten, um nicht ausgelacht zu werden. Sie verschließen sich dadurch einem großen Erlebnisbereich. Denn ich weiß aus eigener Erfahrung: wer sein Leben als Nichts erfahren hat, kann seine Sinnfrage lösen. Bin ich

DESCENDING THE WESTERN ARETE OF THE POINTE DES ECRINS.

einmal im Grenzbereich Todeszone, so löst sich die Sinnfrage auf. Man ist frei von Angst, kann sich im zeitlich und räumlich Endlosen verlieren. Das Risiko, nicht mehr zurückzukehren, flickt die letzten Teilungen in unserem Bewußtsein. Nach solcherart Erleben fühlt man sich wie neu geboren. Dieser Zustand aber hält – wieder unten – nicht ewig an. Der »Sog nach oben« wächst. Mit *einer* Todeszone-Erfahrung kommt man ein Leben lang nicht aus.
Den Wiederholungszwang vorausgesetzt – was unterscheidet das Drogenhoch vom »Höhenrausch«? Wenn wir dem elitär denkenden Lammer glauben: »nichts«.

»Hebt solches Schwelgen in verfeinerter Stimmung und jener Schönheitskult die Alpinistik hoch über jeden anderen Sport empor, so lauert in ihr verborgen noch ein ganz ausgesuchter Kitzel für den nervösen Sohn des Jahrhunderts, ein Reiz stärkster Art, wie ihn kein anderer Sport bietet, kaum die Tigerjagd oder das Segeln in kleinem Boot auf offener See – ich meine die Todesgefahr. Die ruhigen Menschen zu Großvaters Zeiten mochten freilich ihrem Gott danken, wenn er sie vor aller Gefahr behütete; lasset aber den überreizten Enkel nur ein einziges Mal von dem Morphium des Gefährlichen nippen: keinen läßt die Sphinx mehr aus ihrer schaurig weichen Tatze. Warum sehen wir die Zahl gerade der gefährlichen Touren von Jahr zu Jahr reißend zunehmen? Weil immer mehr Menschen an ihren eigenen Nerven erfahren, welch berauschende Wollust in der Gefahr aufschäumt.«

Besteht vielleicht wirklich ein enger Zusammenhang zwischen dem Seinszustand im Grenzbereich Todeszone und dem High mittels Drogen? Wissenschaftler, wie z.B. Professor Solomon Snyder von der Johns-Hopkins-Universität in Baltimore/USA, behaupten, daß im Nervensystem des Menschen, Grenzsituationen vorausgesetzt, morphiumähnliche Substanzen produziert werden, die Schmerzen dämpfen, zu Hal-

luzinationen anregen, Glücksgefühle auslösen. Auch diese Opiate, die unser Gehirn sich selbst produziert, sollen süchtig machen. Bergsteigen also eine Sucht, weil die Stoffe, die dabei im Menschen entstehen und wirken, Rauschgifte sind? Blieben natürliche Hochs ohne körpereigene Opiate undenkbar?
Ich weiß es nicht. Aus meinem Erfahrungsbereich weiß ich nur, daß Bergsteigen wie im Zustand der Abhängigkeit vom Gefahrensucher dauernd wiederholt wird, daß von vielen immer schwierigere Touren – stärkere Reize – gebraucht werden.
Da Drogensüchtige wirklich ähnliche Erlebnisse wie Höhenbergsteiger haben können – Ich-Austritt, musikartige Geräusche, Angstfreiheit –, wäre obige Theorie erhärtet. Aber auch Sauerstoffmangel und Kohlendioxydüberschuß können zu visionären Erscheinungen dieser Art führen.
Alle diese Erklärungen, ob es sich nun um »Werkzeuge der Natur« – vermehrte Ausschüttung von Hormonen als Notfallsreaktion, Produktion körpereigener Opiate zur Schmerzdämpfung und Luststeigerung – oder »nur um Halluzinationen« handelt, sind für mich nicht ausreichend, das natürliche Hoch dem künstlichen gleichzusetzen. Ich glaube, daß es zwischen diesen beiden Typen von Erlebnissen wesentliche Unterschiede gibt. Nicht nur, daß das »Natural High« keinen zerstörenden »Stoff« braucht, es wirkt immer befreiend, bewußtseinserweiternd. Beim Drogenhoch hingegen wird zwar ein kurzfristiger Sturm im Unterbewußtsein gesucht, das Erwachen aber, wenn überhaupt, ist vielfach deprimierend, das gefürchtete Getrenntsein ist noch stärker da als vorher. Sicher, beide »Highs« führen in andere Bewußtseinszustände, und in diesem Sinne ist das Todeszone-Erlebnis wie die Drogen-Erleuchtung eine Tür zu anderen Bereichen.
Rauschgiftsüchtige nun sind auch durch den drohenden Tod nicht von ihrem »Stoff« abzubringen. Gilt für Bergsteiger dasselbe?

»Daß Klettern eine Krankheit ist und man darauf achten sollte, daß eben diese Krankheit nicht tödlich endet, eben das war Gegenwart geworden; ›Absturz – überlebe‹ – der Körper wurde blockiert – nur Bruchteile von Sekunden mußte diese Blockade gedauert haben, dann gab es einen Aufschlag – die Bewußtseinssperre wurde durchbrochen. Der Helm schlug hart auf, der Körper wurde über den Rucksack nach hinten geschlagen, die Wand vor mir kippte um, dann Himmel, wieder Wand – ich raste dem Schluchtgrund zu; ein Schlag in der Brust, der Kopf wurde nach hinten geschleudert, der Körper schlug durch, es federte – plötzlich wurde ich an den Felsen wieder nach oben geschrammt, fiel wieder, stieg auf und hing mit einem Mal ruhig im Seil ... fünf Meter unter mir der Schluchtgrund ... zehn Meter über mir die Spinne im Netz ... ich war fast zwanzig Meter gestürzt ... der andere hatte gehalten! ... Geflickt und gerichtet haben sie, was zu richten und zu flicken war ... sechs Monate später hat mich der andere dann das erste Mal wieder durch die Watzmann NO-Wand geführt ... es gab keine andere Alternative – Klettern ist eine Krankheit, nur man sollte Sorge tragen, daß eben diese Krankheit nicht tödlich endet ...«
Dies erzählt H. H. aus München, und Lammer sagt:
»Sogar der Hinweis auf den grausigen Tod in den Bergen prallt ohne Wirkung ab.
Man wird ein solches Denken Dekadenz nennen. Aber dieses Wort klingt lächerlich beim Anblick eines von Gesundheit und Abhärtung strotzenden Alpinisten, der sich um seines Trainings willen von allen erschlaffenden Ausschweifungen fernhält. Gewiß ist auch der wildeste Bergsport – als betäubendes Mittel gebraucht – minder bedenklich als Morphium und Alkohol oder sogenannte ›Liebe‹.«
Darin bin ich mit Lammer nicht einig. Wenn ich von vornherein wüßte, daß ich diese oder jene Bergtour mit dem Tode bezahlen müßte, bliebe ich zu Hause. Das größte Bergerlebnis ist mir die kleine Zehe nicht wert. Daß das Bergsteigen, ver-

standen als »Natural High«, ungefährlicher ist als ein künstliches Hoch mittels Drogen und Alkohol, glaube auch ich; die Liebe allerdings gehört für mich zu den natürlichsten und notwendigsten aller Hochs. Wenn viele Bergsteiger glauben, sie vertrage sich nicht mit der Alpinistik, so haben sie wohl auch dies von Lammer übernommen und nie selbst überdacht. Auch wenn viele meinen, ein Bergsteiger müsse ständig trainieren und in jeder Hinsicht abstinent leben, ist dies von Lammerschem Gedankengut genährte Ideologie. Ich, für meinen Teil, folge ihr nicht. Auch bin ich nicht der asketische Sportler, den viele in mir sehen wollen. Mein Bergsteigen ist mehr von seelischen Kräften als von körperlicher Fitneß getragen, es ist mehr spirituell als sportlich.

Beim Bergsteigen füllt die Leere, die eine gelebte Utopie hinterläßt, eine neue Idee, die wieder wächst und zur Utopie wird. So erfüllen sich Utopien, eine nach der anderen, zu Leere. Schon suche ich nach neuen Ideen. Auch mein Sterbe-Erlebnis hat mich nicht aus diesem Kreislauf werfen können; es hat mich noch fester hineingezwungen.

Dann ist Bergsteigen für mich also doch »ein am Tod provoziertes Leben«, wie es Gottfried Benn ausdrückt, und damit im weitesten Sinne eine Sucht.

# Egotrip - auf der Suche nach dem wahren Ich

Die Frage nach dem Sinn des Daseins, ein rational unlösbares Problem, verfolgt jeden so lange, bis er sich selbst in der Vergänglichkeit erkannt hat oder irgend etwas glaubt. Der Egotrip kann den Menschen schon zu Lebzeiten an seinen Rand, den Tod, führen und so vorweg die Sinnfrage aufheben. Anschließend ist es leichter, sein Leben voll zu leben, im Hier und Jetzt zu sein, sich selbst in sich zu haben, der zu sein, der man ist, ohne von etwas und jemandem bestimmt zu werden. Wer auf der Suche nach seinem Ich sterben lernt, kann befreit »weiterspielen«, ohne noch suchen zu müssen.
Beim Bergsteigen sind, wie die vielen Beispiele, die ich hier zusammengetragen habe, zeigen, existentielle Grunderfahrungen möglich, und daher sind die Berge eine gute Landschaft für einen Egotrip. Daß dort oben Selbsterkenntnis möglich ist, wissen die Alpinisten seit gut hundert Jahren:

»Es sind zu viele und zu mannigfaltige Fäden, die sich im Innern eines modernen Suchenden, in einem hochdifferenzierten Geiste durcheinanderschlingen, um sie in Kürze alle zu entwirren. Was unser Tun oft viele Jahre lang unterbewußt geleitet hat, tritt erst später hervor als klares Wollen, wenn es vielleicht gar nicht mehr die wahre Uhrfeder und Urfeder ist. Wer kennt sich selbst? Auch der vermeintlich zielbewußte Mann ist – gesehen von der Warte jener tief umhüllten Mächte, die alles Blühen und Welken lenken – nur ein naiv tappendes Kind.«

Bald aber wird dem »Kind« da oben klar, daß richtig und falsch, moralisch und unmoralisch relative Wertungen sind, daß unsere Moralbegriffe im Grenzbereich Todeszone ihre Gültigkeit ganz verlieren können.
Der Bergsteiger hat also nicht nur die Möglichkeit, er selbst, sondern auch sein eigener Kritiker zu sein.
Die Erzählung über mein bisher todesintensivstes Abenteuer, die Überschreitung des Nanga Parbat 1970, habe ich so ver-

THE GRAND PELVOUX DE VAL LOUISE.

faßt, als sei ich zugleich Zuschauer, Hauptdarsteller und Kritiker in eigener Sache.

Ich bin dabei dem inneren Zwang gefolgt, die Geschichte so zu schreiben, wie ich sie erlebt hatte: Es war so, als ob jede Bewegung, jeder Gedanke, als ob alles, was ich während der entscheidenden Tage getan hatte, nun außerordentlich klar in mir sei, zu mir gehörte. Ich war unter anderem diese Geschichte, bestand teilweise daraus.

Dann die Aufhebung der Zeit. Beim Abstieg vom Manaslu-Gipfel, meinem zweiten Achttausender, geriet ich in einen fürchterlichen Schneesturm: Abend, Orkan, kaum drei Meter Sicht. Ich verlor die Orientierung und ging wohl im Kreise. Die Suche nach dem schützenden Zelt wurde zum Wettlauf mit dem Tod. Zeit kam dabei allerdings nicht mehr vor.

Hatte ich mich anfangs bei Expeditionen gequält, so bin ich

"THE CHIMNEY."

nach und nach zum »Genießer« geworden. Ich weiß, daß es unverständiges Lächeln hervorruft, wenn ich sage, eine Achttausender-Expedition sei eine Art Urlaub für mich. Aber es ist so. Ich kann dabei, »am Ende der Welt«, ganz ich selbst sein, spontan, ohne mich oder andere quälen zu müssen, ohne anderen zu nutzen oder zu schaden.
Ich verstehe eine solche Expedition heute nicht mehr als etwas Besonderes. Sie gehört wie das Leben zu jenem Zwischenspiel im Unendlichen, das mit meinem vitalen Geschehen ausgefüllt ist.
Nach meinen ersten großen Expeditionen hatte ich mein Leben als erweitert empfunden und war gleichzeitig nachdenklicher geworden. Nach dem Hidden Peak, meinem dritten Achttausender, der eine beruhigende Wirkung auf mich hatte, glaubte ich zu ahnen, was das Nirwana ist, hatte ich also einen Hauch von dem geatmet, was über das Leben hinausgeht.
Am Everest-Gipfel erlebte ich eine Art seelischen Orgasmus, ein emotionales Ausschwingen in einem raum-zeitlosen Allbewußtsein. Meine Ratio war völlig ausgeschaltet.
Es ist natürlich Unsinn, anzunehmen, jeder Mensch könne bei denselben Voraussetzungen – zum Beispiel Aufstieg zum Everest-Gipfel ohne Sauerstoffgerät – dasselbe erleben. Wenn aber die Grundbedürfnisse der Menschheit einmal befriedigt sind – genügend saubere Luft, Wasser, ruhiger Schlaf und genug Nahrung für alle da sind –, liegt es wohl an jedem einzelnen selbst, sein seelisches Gleichgewicht zu suchen.
Im individuellen Tun und nicht im Vereinsbergsteigen liegt die Chance zur Selbstentfaltung und damit Selbstfindung.
Es gäbe grundsätzlich so viele Motivationen zum Bergsteigen wie es Bergsteiger gibt, und die entsprechenden Erlebnisse könnten individuell und grundverschieden sein. Leider – die vielen alpinen Klischees sind daran schuld – sind sie es nicht.
Dabei spielte nicht einmal die Höhe des Berges eine wesentliche Rolle, noch weniger die Schwierigkeit der begangenen Route.

Entscheidend für die Erfahrungen, die aus Bergtouren zu gewinnen sind, erscheinen mir die Offenheit und Fähigkeit für Empfindungen und in Ausnahmefällen das Eintreten in den Grenzbereich der menschlichen Existenz.
Das Bergerlebnis läßt sich nach meinem Dafürhalten grob einteilen in ein Leistungserlebnis, in ein romantisches Erlebnis und in ein visionäres Erlebnis. Das romantische Erlebnis – darunter verstehe ich alle inneren Stimmungen, die über Augen, Ohren, Haut und Nase von der Natur ausgelöst werden – ist meist unabhängig von Grenzsituationen.
Das Leistungserlebnis, dem vor allem wir Industriemenschen krankhaft unterworfen sind, ist schon etwas komplexer und abhängig von Erziehung, Kultur- und Kameradenkreis.
Es zwingt uns förmlich, anderen und uns selbst immer wieder etwas zu beweisen: wie stark, wie mutig, wie ausdauernd, wie »gut« wir sind.
Hunderte von Bergbüchern und Tausende von Berichten geben Aufschluß zu diesen beiden Fragenkomplexen.
Was bisher in der alpinen Literatur nur stiefmütterlich behandelt wurde und worum es mir in diesem Buch geht, das ist das visionäre Erlebnis, das aus der Tiefe des erweiterten Sehvermögens in der Grenzsituation schöpft und das den Betroffenen zwischen »Durchkommen und Umkommen« kurzfristig in die Erkenntnis seines wahren Ich schleudert.
Wohl klingt da und dort in der alpinen Erlebnisliteratur eine Vision an, eine bewußte Aneinanderreihung solcher Schilderungen jedoch fehlt bisher ganz. Dabei dürfte sicher sein, daß gerade dieser Erlebnisbereich der existenziell-menschlich interessanteste ist und Antwort geben kann nicht nur auf die Frage nach den Erfahrungen im Grenzbereich des Todes, sondern auch auf allgemeine Grundfragen des Lebens.
Was muß sich bei der Alpinistik ändern, damit wir vom »Eroberungsbergsteigen« des vorigen Jahrhunderts zum »Seinsbergsteigen« der Zukunft kommen?
Zu allererst müssen wir uns vom Gipfel als Besitzmöglichkeit

THE POINTE DES ECRINS, FROM THE COL DU GALIBIER.

lösen. Dieser kann höchstens Endpunkt sein. Solange die Meinung vorherrscht, daß man einen Berg besiegt, einen Gipfel mit der Besteigung irgendwie erwirbt, in Besitz nimmt, stecken wir noch voll in der Eroberungsphase des Bergsteigens, sind wir Sklaven des Gipfels. Matterhorn – »schon gemacht«, also abgehakt – so spricht der Eroberer, der nicht vom Erlebnis, sondern vom greifbaren Erfolg zehrt.
Auch dürfen wir nicht erwarten, daß uns die Berge den Sinn unseres Daseins liefern.

Dies vorausgesetzt, birgt Bergsteigen viele Anregungen in sich, uns zum Seinsmenschen zu machen: den Zwang, hier und jetzt da zu sein; das Erwachen des unterbewußten Selbst im Grenzbereich; das Erkennen seiner eigenen Begrenztheit.
Die Erkenntnis erst, daß nichts und niemand außer ich selbst meinem Leben Sinn gebe, die Erkenntnis dieser Nichtheit also, läßt eine freie Aktivität zu. Dabei verstehe ich unter Freiheit weniger die Möglichkeit zu tun und zu lassen, was ich will, als vielmehr die Chance, ich selbst zu sein. Die Entfaltung der eigenen Persönlichkeit und die meiner Mitmenschen wird das Ziel der Existenz, Leben und alles, was es fördert, unantastbar. Wer leben gelernt hat, wer also mit dem eigenen Nichts konfrontiert war, kann andere nicht umbringen. Für ihn sind Dinge, Macht, Idole und Ideologien sekundär, sein Selbstvertrauen und sein Identitätsbewußtsein und damit auch seine Sicherheit beruhen auf dem Glauben an das, was er ist, was er kann. Die Fähigkeit zu kritischem Denken entwickelt sich nicht nur von seinem gegebenen Leben, sondern auch von seinem Tode her.
So besehen, gäbe es weniger Terroristen und weniger Fixer, wenn es mehr »Seinsbergsteiger« ohne Ideologie und mit der Fähigkeit zu Natural High gäbe, damit zwar nicht mehr Sinn, aber mehr Ruhe auf der Welt. Wobei ich mir durchaus im klaren darüber bin, daß dieses Gedankenspiel ohne praktische Bedeutung ist.
Ich weiß nicht, was ich in meinem Leben alles angestellt hätte, wenn ich nicht Bergsteiger und später Abenteurer geworden wäre. Dabei verstehe ich den Abenteurer nicht als Beruf, sondern als Zustand. Nein, nicht als Zustand fortwährender Erleuchtung, als Zustand des Erwachens.
Ich habe niemals davon geträumt, unter äußersten Schwierigkeiten – sagen wir VII. Grad – in ein Felsenkloster zu klettern, das sonst von allen Seiten unzugänglich ist, in einer Art visionärer Erleuchtung oben anzukommen und dort zu bleiben, im Schrein der Vollkommenheit.

PINNACLES NEAR SACHAS, IN THE VALLEY OF THE DURANCE; FORMED FROM AN OLD MORAINE.

Wohl aber haben andere Menschen versucht, mir das Bergsteigen auszureden. Zuletzt ein Mädchen, das jenen Punkt in meinem Körper finden wollte, wo ein Nadelstich genügen sollte, um mich »von dieser Sucht« zu heilen.
Vielleicht wird es einmal möglich sein, Bergsteigen durch Akupunktur zu heilen, vielleicht sogar dadurch Empfindungen auszulösen, die auch im Grenzbereich Todeszone auftreten können. Dann müßte ich also nicht mehr auf den Nanga Parbat klettern?
Ich würde es trotzdem tun, auch wenn es gelingen sollte, durch elektrochemische Eingriffe oder Nadeln unseren Körper so weit zu manipulieren, daß er Grenzbereich-Empfindungen durchlebt.
Natural High, im Gegensatz zum High mittels Drogen, Nadeln, Medizinen . . .
Ich glaube, daß es viele andere Möglichkeiten gibt, eine natürliche Seinserhellung zu erleben. Trotzdem: Ersatz für das Bergsteigen gibt es nicht.

Auf drei Expeditionen hatte ich das Manuskript zu diesem Buch dabei: am Kilimandscharo in Ostafrika, am Mount Everest in Nepal und am Nanga Parbat, auch Diamir genannt, dem »König der Berge«. Dabei ist es durch Nässe (im Rucksack durch den afrikanischen Regenwald), durch Hitze (in einem Metallkoffer bei + 50° in den wüstenhaften Tälern Kashmirs) und in der Kälte (– 27° im Basislager am Fuße des Mount Everest) gereift.
Immer wieder habe ich ergänzt, gebündelt, geordnet. Ein Buch über den Grenzbereich, geschrieben im Grenzbereich, meist im Zelt sitzend oder liegend, während Schnee oder Regen auf die hauchdünne Plane fielen und von außen verworrene Zeichnungen an meine spitzen vier Wände zauberten. Was dabei entstand, hat wenig mit Ratio zu tun, und ich weiß, daß ich mit diesem Buch jenen den Ball zuspiele, die seit Jahren behaupten, ich sei zu oft in der Todeszone gewesen. Mein Hirn hätte – »wie man sehen kann« – darunter gelitten. Was soll's, wenn denen dabei vor lauter Denken nur der Kopf nicht weh tut.

# Dank

Ohne fremde Hilfe hätte ich dieses Buch nicht schreiben können.
Danken möchte ich all jenen, die mir mit ihren Informationen, schriftlichen und mündlichen, mehr Einblicke in das große Feld des Grenzbereichs Todeszone verschafft haben. Danken möchte ich Professor Dr. Karl Mägdefrau, der mir bei der historischen Materialbeschaffung half, und Erika Stegmann, die die Korrespondenz mit den noch lebenden Informanten führte. Danken will ich Eugenie Buhl, mit der ich mich öfters und sehr ausführlich über ihren Mann und seine Probleme zwischen Nanga Parbat und Broad Peak hatte unterhalten können, sowie Walter Bonatti, der in persönlichen Briefen seine Einstellung zum Bergsteigen seit 1965 andeutete. Dank gebührt Leo Dickinson, der mir das »Medium-Gespräch« mit Mallory und Irvine vermittelte.
Vor allem aber danke ich all jenen, die auf Bitte des Verlages hin ihre Todeszone-Erlebnisse für dieses Buch zur Verfügung gestellt haben.
Ich kann nur hoffen, daß es das Vertrauen rechtfertigt, das die, die da ganz offen erzählen, in mich gesetzt haben, und daß der Anfang dieser Beobachtungsarbeit weitere Erkenntnisse in dieser Richtung fördert.
Ich freue mich über jede Kritik und jedes weitere aufschlußreiche Erlebnis. R. M., I–39040 Villnöss, Südtirol/Italien.

# Literatur

*Die Alpen*, 17, 1941. Darin: Walter Mathis »Der große Sturz«.
*Der Bergsteiger*, 4 (XII), 1933/34. Darin: Klaus Mohrmann »Der Absturz als Erlebnis«, Fritz Schmitt »Das Absturzerlebnis«.
*Deutsche Alpenzeitung*, 16. Jg., München 1920. Darin: Hans Haenel »Das Erlebnis des Absturzes« u.a. Beiträge.
*Jahrbuch des Schweizer Alpenclubs*, Band XXVII., 1892. Darin: Albert Heim »Notizen über den Absturz«.

Hermann von Barth, *In den nördlichen Kalkalpen.*
Walter Bonatti, *Berge – meine Berge.* Rüschlikon-Zürich, 1964.
Hermann Buhl, *Achttausend drüber und drunter.* München 1954.
René Demaison, *324 Stunden in den Grandes Jorasses.* Rüschlikon-Zürich 1974.
George Ingle Finch, *Der Kampf um den Everest*, Leipzig 1925.
Karl M. Herrligkoffer, *Nanga Parbat*, Frankfurt/M.–Berlin 1967.
Eugen Guido Lammer, *Jungborn.* Bergfahren und Höhengedanken eines einsamen Pfadsuchers. München 1929[3].
Karl Ruef, *Felix Kuen – auf den Gipfeln der Welt*, Graz 1972.
Edward Whymper, *Berg- und Gletscherfahrten.* Braunschweig.

# Bildnachweis

Fotos:
Hans G. Isenberg: Umschlagrückseite
Reinhard Karl: Seite 17, 27, 33, 77, 93, 113, 139, 155, 187
Reinhold Messner: Seite 161, 179, 199, 211, Vor- und Nachsatz
Galen A. Rowell: Seite 53, 167

Zeichnungen von G. Doré (Zentralbibliothek Zürich, Grafische Sammlung) und E. Whymper.

Porträtaufnahmen stellten uns die Autoren aufgenommener Beiträge zur Verfügung. Das Foto von Hermann Buhl: dpa